T&P BOOKS

I0176427

PORTUGAIS

VOCABULAIRE

FRANÇAIS
PORTUGAIS

Les mots les plus utiles
Pour enrichir votre vocabulaire et aiguiser
vos compétences linguistiques

3000 mots

Vocabulaire Français-Portugais Brésilien pour l'autoformation - 3000 mots

Par Andrey Taranov

Les dictionnaires T&P Books ont pour but de vous aider à apprendre, à mémoriser et à réviser votre vocabulaire en langue étrangère. Ce dictionnaire thématique couvre tous les grands domaines du quotidien: l'économie, les sciences, la culture, etc …

Acquérir du vocabulaire avec les dictionnaires thématiques T&P Books vous offre les avantages suivants:

- Les données d'origine sont regroupées de manière cohérente, ce qui vous permet une mémorisation lexicale optimale
- La présentation conjointe de mots ayant la même racine vous permet de mémoriser des groupes sémantiques entiers (plutôt que des mots isolés)
- Les sous-groupes sémantiques vous permettent d'associer les mots entre eux de manière logique, ce qui facilite votre consolidation du vocabulaire
- Votre maîtrise de la langue peut être évaluée en fonction du nombre de mots acquis

T&P Books Publishing
www.tpbooks.com

ISBN: 978-1-78767-471-4

Ce livre existe également en format électronique.
Pour plus d'informations, veuillez consulter notre site: www.tpbooks.com ou rendez-vous sur ceux des grandes librairies en ligne.

VOCABULAIRE PORTUGAIS BRÉSILIEN POUR L'AUTOFORMATION
Dictionnaire thématique

Les dictionnaires T&P Books ont pour but de vous aider à apprendre, à mémoriser et à réviser votre vocabulaire en langue étrangère. Ce lexique présente, de façon thématique, plus de 3000 mots les plus fréquents de la langue.

- Ce livre comporte les mots les plus couramment utilisés
- Son usage est recommandé en complément de l'étude de toute autre méthode de langue
- Il répond à la fois aux besoins des débutants et à ceux des étudiants en langues étrangères de niveau avancé
- Il est idéal pour un usage quotidien, des séances de révision ponctuelles et des tests d'auto-évaluation
- Il vous permet de tester votre niveau de vocabulaire

Spécificités de ce dictionnaire thématique:

- Les mots sont présentés de manière sémantique, et non alphabétique
- Ils sont répartis en trois colonnes pour faciliter la révision et l'auto-évaluation
- Les groupes sémantiques sont divisés en sous-groupes pour favoriser l'apprentissage
- Ce lexique donne une transcription simple et pratique de chaque mot en langue étrangère

Ce dictionnaire comporte 101 thèmes, dont:

les notions fondamentales, les nombres, les couleurs, les mois et les saisons, les unités de mesure, les vêtements et les accessoires, les aliments et la nutrition, le restaurant, la famille et les liens de parenté, le caractère et la personnalité, les sentiments et les émotions, les maladies, la ville et la cité, le tourisme, le shopping, l'argent, la maison, le foyer, le bureau, la vie de bureau, l'import-export, le marketing, la recherche d'emploi, les sports, l'éducation, l'informatique, l'Internet, les outils, la nature, les différents pays du monde, les nationalités, et bien d'autres encore …

TABLE DES MATIÈRES

GUIDE DE PRONONCIATION

Alphabet phonétique T&P	Exemple en portugais	Exemple en français

Voyelles

[a]	baixo ['baɪʃu]	classe
[e]	erro ['eʀu]	équipe
[ɛ]	leve ['lɛvə]	faire
[i]	lancil [lã'sil]	stylo
[o], [ɔ]	boca, orar ['bokə], [ɔ'rar]	normal
[u]	urgente [ur'ʒẽtə]	boulevard
[ã]	toranja [tu'rãʒə]	dentiste
[ẽ]	gente ['ʒẽtə]	magicien
[ĩ]	seringa [sə'rĩgə]	[i] nasale
[õ]	ponto ['põtu]	contrat
[ũ]	umbigo [ũ'bigu]	un demi-tour

Consonnes

[b]	banco ['bãku]	bureau
[d]	duche ['duʃə]	document
[ʤ]	abade [a'baʤi]	adjoint
[f]	facto ['faktu]	formule
[g]	gorila [gu'rilə]	gris
[j]	feira ['fejrə]	maillot
[k]	claro ['klaru]	bocal
[l]	Londres ['lõdrəʃ]	vélo
[ʎ]	molho ['moʎu]	souliers
[m]	montanha [mõ'tɐɲə]	minéral
[n]	novela [nu'vɛlə]	ananas
[ɲ]	senhora [sə'ɲorə]	canyon
[ŋ]	marketing ['marketiŋ]	parking
[p]	prata ['pratə]	panama
[s]	safira [sə'firə]	syndicat
[ʃ]	texto ['tɛʃtu]	chariot
[t]	teto ['tɛtu]	tennis
[ʧ]	doente [do'ẽʧi]	match
[v]	alvo ['alvu]	rivière
[z]	vizinha [vi'ziɲə]	gazeuse
[ʒ]	juntos ['ʒũtuʃ]	jeunesse
[w]	sequoia [sə'kwɔjə]	iguane

ABRÉVIATIONS
employées dans ce livre

Abréviations en français

adj	-	adjective
adv	-	adverbe
anim.	-	animé
conj	-	conjonction
dénombr.	-	dénombrable
etc.	-	et cetera
f	-	nom féminin
f pl	-	féminin pluriel
fam.	-	familiar
fem.	-	féminin
form.	-	formal
inanim.	-	inanimé
indénombr.	-	indénombrable
m	-	nom masculin
m pl	-	masculin pluriel
m, f	-	masculin, féminin
masc.	-	masculin
math	-	mathematics
mil.	-	militaire
pl	-	pluriel
prep	-	préposition
pron	-	pronom
qch	-	quelque chose
qn	-	quelqu'un
sing.	-	singulier
v aux	-	verbe auxiliaire
v imp	-	verbe impersonnel
vi	-	verbe intransitif
vi, vt	-	verbe intransitif, transitif
vp	-	verbe pronominal
vt	-	verbe transitif

Abréviations en portugais

f	-	nom féminin
f pl	-	féminin pluriel
m	-	nom masculin
m pl	-	masculin pluriel

m, f	-	masculin, féminin
pl	-	pluriel
v aux	-	verbe auxiliaire
vi	-	verbe intransitif
vi, vt	-	verbe intransitif, transitif
vr	-	verbe pronominal réfléchi
vt	-	verbe transitif

CONCEPTS DE BASE

1. Les pronoms

je	eu	['ew]
tu	você	[vɔ'se]
il	ele	['ɛli]
elle	ela	['ɛla]
nous	nós	[nɔs]
vous	vocês	[vɔ'ses]
ils	eles	['ɛlis]
elles	elas	['ɛlas]

2. Adresser des vœux. Se dire bonjour

Bonjour! (fam.)	Oi!	[ɔj]
Bonjour! (form.)	Olá!	[o'la]
Bonjour! (le matin)	Bom dia!	[bõ 'dʒia]
Bonjour! (après-midi)	Boa tarde!	['boa 'tardʒi]
Bonsoir!	Boa noite!	['boa 'nojtʃi]
dire bonjour	cumprimentar (vt)	[kũprimẽ'tar]
Salut!	Oi!	[ɔj]
salut (m)	saudação (f)	[sawda'sãw]
saluer (vt)	saudar (vt)	[saw'dar]
Comment allez-vous?	Como você está?	['kɔmu vo'se is'ta]
Comment ça va?	Como vai?	['kɔmu 'vaj]
Quoi de neuf?	E aí, novidades?	[a a'i novi'dadʒis]
Au revoir!	Tchau!	['tʃaw]
À bientôt!	Até breve!	[a'tɛ 'brɛvi]
Adieu!	Adeus!	[a'dews]
dire au revoir	despedir-se (vr)	[dʒispe'dʒirsi]
Salut! (À bientôt!)	Até mais!	[a'tɛ majs]
Merci!	Obrigado! -a!	[obri'gadu, -a]
Merci beaucoup!	Muito obrigado! -a!	['mwĩtu obri'gadu, -a]
Je vous en prie	De nada	[de 'nada]
Il n'y a pas de quoi	Não tem de quê	['nãw tẽj de ke]
Pas de quoi	Não foi nada!	['nãw foj 'nada]
Excuse-moi!	Desculpa!	[dʒis'kuwpa]
Excusez-moi!	Desculpe!	[dʒis'kuwpe]
excuser (vt)	desculpar (vt)	[dʒiskuw'par]
s'excuser (vp)	desculpar-se (vr)	[dʒiskuw'parsi]
Mes excuses	Me desculpe	[mi dʒis'kuwpe]

Pardonnez-moi!	Desculpe!	[dʒis'kuwpe]
pardonner (vt)	perdoar (vt)	[per'dwar]
C'est pas grave	Não faz mal	['nãw fajʒ maw]
s'il vous plaît	por favor	[por fa'vor]

N'oubliez pas!	Não se esqueça!	['nãw si is'kesa]
Bien sûr!	Com certeza!	[kõ ser'teza]
Bien sûr que non!	Claro que não!	['klaru ki 'nãw]
D'accord!	Está bem! De acordo!	[is'ta bẽj], [de a'kordu]
Ça suffit!	Chega!	['ʃega]

3. Les questions

Qui?	Quem?	[kẽj]
Quoi?	O que?	[u ki]
Où? (~ es-tu?)	Onde?	['õdʒi]
Où? (~ vas-tu?)	Para onde?	['para 'õdʒi]
D'où?	De onde?	[de 'õdʒi]
Quand?	Quando?	['kwãdu]
Pourquoi? (~ es-tu venu?)	Para quê?	['para ke]
Pourquoi? (~ t'es pâle?)	Por quê?	[por 'ke]

À quoi bon?	Para quê?	['para ke]
Comment?	Como?	['kɔmu]
Quel? (à ~ prix?)	Qual?	[kwaw]
Lequel?	Qual?	[kwaw]

À qui? (pour qui?)	A quem?	[a kẽj]
De qui?	De quem?	[de kẽj]
De quoi?	Do quê?	[du ke]
Avec qui?	Com quem?	[kõ kẽj]

Combien? (dénombr.)	Quantos? -as?	['kwãtus, -as]
Combien? (indénombr.)	Quanto?	['kwãtu]
À qui? (~ est ce livre?)	De quem?	[de kẽj]

4. Les prépositions

avec (~ toi)	com	[kõ]
sans (~ sucre)	sem	[sẽ]
à (aller ~ ...)	a ..., para ...	[a], ['para]
de (au sujet de)	sobre ...	['sobri]
avant (~ midi)	antes de ...	['ãtʃis de]
devant (~ la maison)	em frente de ...	[ẽ 'frẽtʃi de]

sous (~ la commode)	debaixo de ...	[de'baɾʃu de]
au-dessus de ...	sobre ..., em cima de ...	['sobri], [ẽ 'sima de]
sur (dessus)	em ..., sobre ...	[ẽj], ['sobri]
de (venir ~ Paris)	de ...	[de]
en (en bois, etc.)	de ...	[de]
dans (~ deux heures)	em ...	[ẽ]
par dessus	por cima de ...	[por 'sima de]

5. Les mots-outils. Les adverbes. Partie 1

Où? (~ es-tu?)	Onde?	['ődʒi]
ici (c'est ~)	aqui	[a'ki]
là-bas (c'est ~)	lá, ali	[la], [a'li]

quelque part (être)	em algum lugar	[ẽ aw'gũ lu'gar]
nulle part (adv)	em lugar nenhum	[ẽ lu'gar ne'ɲũ]

près de ...	perto de ...	['pɛrtu de]
près de la fenêtre	perto da janela	['pɛrtu da ʒa'nɛla]

Où? (~ vas-tu?)	Para onde?	['para 'ődʒi]
ici (Venez ~)	aqui	[a'ki]
là-bas (j'irai ~)	para lá	['para la]
d'ici (adv)	daqui	[da'ki]
de là-bas (adv)	de lá, dali	[de la], [da'li]

près (pas loin)	perto	['pɛrtu]
loin (adv)	longe	['lőʒi]
près de (~ Paris)	perto de ...	['pɛrtu de]
tout près (adv)	à mão, perto	[a mãw], ['pɛrtu]
pas loin (adv)	não fica longe	['nãw 'fika 'lőʒi]

gauche (adj)	esquerdo	[is'kerdu]
à gauche (être ~)	à esquerda	[a is'kerda]
à gauche (tournez ~)	para a esquerda	['para a is'kerda]

droit (adj)	direito	[dʒi'rejtu]
à droite (être ~)	à direita	[a dʒi'rejta]
à droite (tournez ~)	para a direita	['para a dʒi'rejta]

devant (adv)	em frente	[ẽ 'frẽtʃi]
de devant (adj)	da frente	[da 'frẽtʃi]
en avant (adv)	adiante	[a'dʒjãtʃi]

derrière (adv)	atrás de ...	[a'trajs de]
par derrière (adv)	de trás	[de trajs]
en arrière (regarder ~)	para trás	['para trajs]

milieu (m)	meio (m), metade (f)	['meju], [me'tadʒi]
au milieu (adv)	no meio	[nu 'meju]
de côté (vue ~)	do lado	[du 'ladu]
partout (adv)	em todo lugar	[ẽ 'todu lu'gar]
autour (adv)	por todos os lados	[por 'todus os 'ladus]

de l'intérieur	de dentro	[de 'dẽtru]
quelque part (aller)	para algum lugar	['para aw'gũ lu'gar]
tout droit (adv)	diretamente	[dʒireta'mẽtʃi]
en arrière (revenir ~)	de volta	[de 'vɔwta]

de quelque part (n'import d'où)	de algum lugar	[de aw'gũ lu'gar]
de quelque part (on ne sait pas d'où)	de algum lugar	[de aw'gũ lu'gar]

premièrement (adv)	em primeiro lugar	[ẽ pri'mejru lu'gar]
deuxièmement (adv)	em segundo lugar	[ẽ se'gũdu lu'gar]
troisièmement (adv)	em terceiro lugar	[ẽ ter'sejru lu'gar]

soudain (adv)	de repente	[de he'pẽtʃi]
au début (adv)	no início	[nu i'nisju]
pour la première fois	pela primeira vez	['pɛla pri'mejra 'vez]
bien avant ...	muito antes de ...	['mwĩtu 'ãtʃis de]
de nouveau (adv)	de novo	[de 'novu]
pour toujours (adv)	para sempre	['para 'sẽpri]

jamais (adv)	nunca	['nũka]
de nouveau, encore (adv)	de novo	[de 'novu]
maintenant (adv)	agora	[a'gɔra]
souvent (adv)	frequentemente	[frekwẽtʃi'mẽtʃi]
alors (adv)	então	[ẽ'tãw]
d'urgence (adv)	urgentemente	[urʒẽte'mẽtʃi]
d'habitude (adv)	normalmente	[nɔrmaw'mẽtʃi]

à propos, ...	a propósito, ...	[a pro'pɔzitu]
c'est possible	é possível	[ɛ po'sivew]
probablement (adv)	provavelmente	[provavɛw'mẽtʃi]
peut-être (adv)	talvez	[taw'vez]
en plus, ...	além disso, ...	[a'lẽj 'dʒisu]
c'est pourquoi ...	por isso ...	[por 'isu]
malgré ...	apesar de ...	[ape'zar de]
grâce à ...	graças a ...	['grasas a]

quoi (pron)	que	[ki]
que (conj)	que	[ki]
quelque chose	algo	[awgu]
(Il m'est arrivé ~)		
quelque chose	alguma coisa	[aw'guma 'kojza]
(peut-on faire ~)		
rien (m)	nada	['nada]

qui (pron)	quem	[kẽj]
quelqu'un (on ne sait pas qui)	alguém	[aw'gẽj]
quelqu'un (n'importe qui)	alguém	[aw'gẽj]

personne (pron)	ninguém	[nĩ'gẽj]
nulle part (aller ~)	para lugar nenhum	['para lu'gar ne'ɲũ]
de personne	de ninguém	[de nĩ'gẽj]
de n'importe qui	de alguém	[de aw'gẽj]

comme ça (adv)	tão	[tãw]
également (adv)	também	[tã'bẽj]
aussi (adv)	também	[tã'bẽj]

6. Les mots-outils. Les adverbes. Partie 2

Pourquoi?	Por quê?	[por 'ke]
pour une certaine raison	por alguma razão	[por aw'guma ha'zãw]
parce que ...	porque ...	[por'ke]

pour une raison quelconque	por qualquer razão	[por kwaw'ker ha'zãw]
et (conj)	e	[i]
ou (conj)	ou	['o]
mais (conj)	mas	[mas]
pour ... (prep)	para	['para]

trop (adv)	muito, demais	['mwĩtu], [dʒi'majs]
seulement (adv)	só, somente	[sɔ], [sɔ'mẽtʃi]
précisément (adv)	exatamente	[ɛzata'mẽtʃi]
près de ... (prep)	cerca de ...	['serka de]

approximativement	aproximadamente	[aprosimada'mẽti]
approximatif (adj)	aproximado	[aprosi'madu]
presque (adv)	quase	['kwazi]
reste (m)	resto (m)	['hɛstu]

l'autre (adj)	o outro	[u 'otru]
autre (adj)	outro	['otru]
chaque (adj)	cada	['kada]
n'importe quel (adj)	qualquer	[kwaw'ker]
beaucoup de (dénombr.)	muitos, muitas	['mwĩtos], ['mwĩtas]
beaucoup de (indénombr.)	muito	['mwĩtu]
plusieurs (pron)	muitas pessoas	['mwĩtas pe'soas]
tous	todos	['todus]

en échange de ...	em troca de ...	[ẽ 'trɔka de]
en échange (adv)	em troca	[ẽ 'trɔka]
à la main (adv)	à mão	[a mãw]
peu probable (adj)	pouco provável	['poku pro'vavew]

probablement (adv)	provavelmente	[provavɛw'mẽtʃi]
exprès (adv)	de propósito	[de pro'pɔzitu]
par accident (adv)	por acidente	[por asi'dẽtʃi]

très (adv)	muito	['mwĩtu]
par exemple (adv)	por exemplo	[por e'zẽplu]
entre (prep)	entre	['ẽtri]
parmi (prep)	entre, no meio de ...	['ẽtri], [nu 'meju de]
autant (adv)	tanto	['tãtu]
surtout (adv)	especialmente	[ispesjal'mẽte]

NOMBRES. DIVERS

7. Les nombres cardinaux. Partie 1

zéro	**zero**	['zɛru]
un	**um**	[ũ]
deux	**dois**	['dojs]
trois	**três**	[tres]
quatre	**quatro**	['kwatru]
cinq	**cinco**	['sĩku]
six	**seis**	[sejs]
sept	**sete**	['sɛtʃi]
huit	**oito**	['ojtu]
neuf	**nove**	['nɔvi]
dix	**dez**	[dɛz]
onze	**onze**	['õzi]
douze	**doze**	['dozi]
treize	**treze**	['trezi]
quatorze	**catorze**	[ka'torzi]
quinze	**quinze**	['kĩzi]
seize	**dezesseis**	[deze'sejs]
dix-sept	**dezessete**	[dezi'setʃi]
dix-huit	**dezoito**	[dʒi'zojtu]
dix-neuf	**dezenove**	[deze'nɔvi]
vingt	**vinte**	['vĩtʃi]
vingt et un	**vinte e um**	['vĩtʃi i ũ]
vingt-deux	**vinte e dois**	['vĩtʃi i 'dojs]
vingt-trois	**vinte e três**	['vĩtʃi i 'tres]
trente	**trinta**	['trĩta]
trente et un	**trinta e um**	['trĩta i ũ]
trente-deux	**trinta e dois**	['trĩta i 'dojs]
trente-trois	**trinta e três**	['trĩta i 'tres]
quarante	**quarenta**	[kwa'rẽta]
quarante et un	**quarenta e um**	[kwa'rẽta i 'ũ]
quarante-deux	**quarenta e dois**	[kwa'rẽta i 'dojs]
quarante-trois	**quarenta e três**	[kwa'rẽta i 'tres]
cinquante	**cinquenta**	[sĩ'kwẽta]
cinquante et un	**cinquenta e um**	[sĩ'kwẽta i ũ]
cinquante-deux	**cinquenta e dois**	[sĩ'kwẽta i 'dojs]
cinquante-trois	**cinquenta e três**	[sĩ'kwẽta i 'tres]
soixante	**sessenta**	[se'sẽta]
soixante et un	**sessenta e um**	[se'sẽta i ũ]

| soixante-deux | sessenta e dois | [se'sẽta i 'dojs] |
| soixante-trois | sessenta e três | [se'sẽta i 'tres] |

soixante-dix	setenta	[se'tẽta]
soixante et onze	setenta e um	[se'tẽta i 'ũ]
soixante-douze	setenta e dois	[se'tẽta i 'dojs]
soixante-treize	setenta e três	[se'tẽta i 'tres]

quatre-vingts	oitenta	[oj'tẽta]
quatre-vingt et un	oitenta e um	[oj'tẽta i 'ũ]
quatre-vingt deux	oitenta e dois	[oj'tẽta i 'dojs]
quatre-vingt trois	oitenta e três	[oj'tẽta i 'tres]

quatre-vingt-dix	noventa	[no'vẽta]
quatre-vingt et onze	noventa e um	[no'vẽta i 'ũ]
quatre-vingt-douze	noventa e dois	[no'vẽta i 'dojs]
quatre-vingt-treize	noventa e três	[no'vẽta i 'tres]

8. Les nombres cardinaux. Partie 2

cent	cem	[sẽ]
deux cents	duzentos	[du'zẽtus]
trois cents	trezentos	[tre'zẽtus]
quatre cents	quatrocentos	[kwatro'sẽtus]
cinq cents	quinhentos	[ki'ɲẽtus]

six cents	seiscentos	[sej'sẽtus]
sept cents	setecentos	[sete'sẽtus]
huit cents	oitocentos	[ojtu'sẽtus]
neuf cents	novecentos	[nove'sẽtus]

mille	mil	[miw]
deux mille	dois mil	['dojs miw]
trois mille	três mil	['tres miw]
dix mille	dez mil	['dɛz miw]
cent mille	cem mil	[sẽ miw]
million (m)	um milhão	[ũ mi'ʎãw]
milliard (m)	um bilhão	[ũ bi'ʎãw]

9. Les nombres ordinaux

premier (adj)	primeiro	[pri'mejru]
deuxième (adj)	segundo	[se'gũdu]
troisième (adj)	terceiro	[ter'sejru]
quatrième (adj)	quarto	['kwartu]
cinquième (adj)	quinto	['kĩtu]

sixième (adj)	sexto	['sestu]
septième (adj)	sétimo	['sɛtʃimu]
huitième (adj)	oitavo	[oj'tavu]
neuvième (adj)	nono	['nonu]
dixième (adj)	décimo	['dɛsimu]

LES COULEURS. LES UNITÉS DE MESURE

10. Les couleurs

couleur (f)	cor (f)	[kɔr]
teinte (f)	tom (m)	[tõ]
ton (m)	tonalidade (m)	[tonali'dadʒi]
arc-en-ciel (m)	arco-íris (m)	['arku 'iris]
blanc (adj)	branco	['brãku]
noir (adj)	preto	['pretu]
gris (adj)	cinza	['sĩza]
vert (adj)	verde	['verdʒi]
jaune (adj)	amarelo	[ama'rɛlu]
rouge (adj)	vermelho	[ver'meʎu]
bleu (adj)	azul	[a'zuw]
bleu clair (adj)	azul claro	[a'zuw 'klaru]
rose (adj)	rosa	['hɔza]
orange (adj)	laranja	[la'rãʒa]
violet (adj)	violeta	[vjo'leta]
brun (adj)	marrom	[ma'hõ]
d'or (adj)	dourado	[do'radu]
argenté (adj)	prateado	[pra'tʃjadu]
beige (adj)	bege	['bɛʒi]
crème (adj)	creme	['krɛmi]
turquoise (adj)	turquesa	[tur'keza]
rouge cerise (adj)	vermelho cereja	[ver'meʎu se'reʒa]
lilas (adj)	lilás	[li'las]
framboise (adj)	carmim	[kah'mĩ]
clair (adj)	claro	['klaru]
foncé (adj)	escuro	[is'kuru]
vif (adj)	vivo	['vivu]
de couleur (adj)	de cor	[de kɔr]
en couleurs (adj)	a cores	[a 'kores]
noir et blanc (adj)	preto e branco	['pretu i 'brãku]
unicolore (adj)	de uma só cor	[de 'uma sɔ kɔr]
multicolore (adj)	multicolor	[muwtʃiko'lor]

11. Les unités de mesure

poids (m)	peso (m)	['pezu]
longueur (f)	comprimento (m)	[kõpri'mẽtu]

largeur (f)	largura (f)	[lar'gura]
hauteur (f)	altura (f)	[aw'tura]
profondeur (f)	profundidade (f)	[profũdʒi'dadʒi]
volume (m)	volume (m)	[vo'lumi]
aire (f)	área (f)	['arja]

gramme (m)	grama (m)	['grama]
milligramme (m)	miligrama (m)	[mili'grama]
kilogramme (m)	quilograma (m)	[kilo'grama]
tonne (f)	tonelada (f)	[tune'lada]
livre (f)	libra (f)	['libra]
once (f)	onça (f)	['õsa]

mètre (m)	metro (m)	['mɛtru]
millimètre (m)	milímetro (m)	[mi'limetru]
centimètre (m)	centímetro (m)	[sẽ'tʃimetru]
kilomètre (m)	quilômetro (m)	[ki'lometru]
mille (m)	milha (f)	['miʎa]

pouce (m)	polegada (f)	[pole'gada]
pied (m)	pé (m)	[pɛ]
yard (m)	jarda (f)	['ʒarda]

| mètre (m) carré | metro (m) quadrado | ['mɛtru kwa'dradu] |
| hectare (m) | hectare (m) | [ek'tari] |

litre (m)	litro (m)	['litru]
degré (m)	grau (m)	[graw]
volt (m)	volt (m)	['vɔwtʃi]
ampère (m)	ampère (m)	[ã'pɛri]
cheval-vapeur (m)	cavalo (m) de potência	[ka'valu de po'tẽsja]

quantité (f)	quantidade (f)	[kwãtʃi'dadʒi]
un peu de ...	um pouco de ...	[ũ 'poku de]
moitié (f)	metade (f)	[me'tadʒi]
douzaine (f)	dúzia (f)	['duzja]
pièce (f)	peça (f)	['pɛsa]

| dimension (f) | tamanho (m), dimensão (f) | [ta'maɲu], [dʒimẽ'sãw] |
| échelle (f) (de la carte) | escala (f) | [is'kala] |

minimal (adj)	mínimo	['minimu]
le plus petit (adj)	menor, mais pequeno	[me'nɔr], [majs pe'kenu]
moyen (adj)	médio	['mɛdʒju]
maximal (adj)	máximo	['masimu]
le plus grand (adj)	maior, mais grande	[ma'jɔr], [majs 'grãdʒi]

12. Les récipients

bocal (m) en verre	pote (m) de vidro	['potʃi de 'vidru]
boîte, canette (f)	lata (f)	['lata]
seau (m)	balde (m)	['bawdʒi]
tonneau (m)	barril (m)	[ba'hiw]
bassine, cuvette (f)	bacia (f)	[ba'sia]

cuve (f)	**tanque** (m)	['tãki]
flasque (f)	**cantil** (m) **de bolso**	[kã'tʃiw dʒi 'bowsu]
jerrican (m)	**galão** (m) **de gasolina**	[ga'lãw de gazo'lina]
citerne (f)	**cisterna** (f)	[sis'tɛrna]
tasse (f), mug (m)	**caneca** (f)	[ka'nɛka]
tasse (f)	**xícara** (f)	['ʃikara]
soucoupe (f)	**pires** (m)	['piris]
verre (m) (~ d'eau)	**copo** (m)	['kɔpu]
verre (m) à vin	**taça** (f) **de vinho**	['tasa de 'viɲu]
faitout (m)	**panela** (f)	[pa'nɛla]
bouteille (f)	**garrafa** (f)	[ga'hafa]
goulot (m)	**gargalo** (m)	[gar'galu]
carafe (f)	**jarra** (f)	['ʒaha]
pichet (m)	**jarro** (m)	['ʒahu]
récipient (m)	**recipiente** (m)	[hesi'pjẽtʃi]
pot (m)	**pote** (m)	['pɔtʃi]
vase (m)	**vaso** (m)	['vazu]
flacon (m)	**frasco** (m)	['frasku]
fiole (f)	**frasquinho** (m)	[fras'kiɲu]
tube (m)	**tubo** (m)	['tubu]
sac (m) (grand ~)	**saco** (m)	['saku]
sac (m) (~ en plastique)	**sacola** (f)	[sa'kɔla]
paquet (m) (~ de cigarettes)	**maço** (m)	['masu]
boîte (f)	**caixa** (f)	['kaɪʃa]
caisse (f)	**caixote** (m)	[kaj'ʃɔtʃi]
panier (m)	**cesto** (m)	['sestu]

LES VERBES LES PLUS IMPORTANTS

13. Les verbes les plus importants. Partie 1

aider (vt)	ajudar (vt)	[aʒu'dar]
aimer (qn)	amar (vt)	[a'mar]
aller (à pied)	ir (vi)	[ir]
apercevoir (vt)	perceber (vt)	[perse'ber]
appartenir à ...	pertencer (vt)	[pertẽ'ser]
appeler (au secours)	chamar (vt)	[ʃa'mar]
attendre (vt)	esperar (vt)	[ispe'rar]
attraper (vt)	pegar (vt)	[pe'gar]
avertir (vt)	advertir (vt)	[adʒiver'tʃir]
avoir (vt)	ter (vt)	[ter]
avoir confiance	confiar (vt)	[kõ'fjar]
avoir faim	ter fome	[ter 'fɔmi]
avoir peur	ter medo	[ter 'medu]
avoir soif	ter sede	[ter 'sedʒi]
cacher (vt)	esconder (vt)	[iskõ'der]
casser (briser)	quebrar (vt)	[ke'brar]
cesser (vt)	cessar (vt)	[se'sar]
changer (vt)	mudar (vt)	[mu'dar]
chasser (animaux)	caçar (vi)	[ka'sar]
chercher (vt)	buscar (vt)	[bus'kar]
choisir (vt)	escolher (vt)	[isko'ʎer]
commander (~ le menu)	pedir (vt)	[pe'dʒir]
commencer (vt)	começar (vt)	[kome'sar]
comparer (vt)	comparar (vt)	[kõpa'rar]
comprendre (vt)	entender (vt)	[ẽtẽ'der]
compter (dénombrer)	contar (vt)	[kõ'tar]
compter sur ...	contar com ...	[kõ'tar kõ]
confondre (vt)	confundir (vt)	[kõfũ'dʒir]
connaître (qn)	conhecer (vt)	[koɲe'ser]
conseiller (vt)	aconselhar (vt)	[akõse'ʎar]
continuer (vt)	continuar (vt)	[kõtʃi'nwar]
contrôler (vt)	controlar (vt)	[kõtro'lar]
courir (vi)	correr (vi)	[ko'her]
coûter (vt)	custar (vt)	[kus'tar]
créer (vt)	criar (vt)	[krjar]
creuser (vt)	cavar (vt)	[ka'var]
crier (vi)	gritar (vi)	[gri'tar]

14. Les verbes les plus importants. Partie 2

décorer (~ la maison)	**decorar** (vt)	[deko'rar]
défendre (vt)	**defender** (vt)	[defẽ'der]
déjeuner (vi)	**almoçar** (vi)	[awmo'sar]
demander (~ l'heure)	**perguntar** (vt)	[pergũ'tar]
demander (de faire qch)	**pedir** (vt)	[pe'dʒir]
descendre (vi)	**descer** (vi)	[de'ser]
deviner (vt)	**adivinhar** (vt)	[adʒivi'ɲar]
dîner (vi)	**jantar** (vi)	[ʒã'tar]
dire (vt)	**dizer** (vt)	[dʒi'zer]
diriger (~ une usine)	**dirigir** (vt)	[dʒiri'ʒir]
discuter (vt)	**discutir** (vt)	[dʒisku'tʃir]
donner (vt)	**dar** (vt)	[dar]
donner un indice	**dar uma dica**	[dar 'uma 'dʒika]
douter (vt)	**duvidar** (vt)	[duvi'dar]
écrire (vt)	**escrever** (vt)	[iskre'ver]
entendre (bruit, etc.)	**ouvir** (vt)	[o'vir]
entrer (vi)	**entrar** (vi)	[ẽ'trar]
envoyer (vt)	**enviar** (vt)	[ẽ'vjar]
espérer (vi)	**esperar** (vi, vt)	[ispe'rar]
essayer (vt)	**tentar** (vt)	[tẽ'tar]
être (~ fatigué)	**estar** (vi)	[is'tar]
être (~ médecin)	**ser** (vi)	[ser]
être d'accord	**concordar** (vi)	[kõkor'dar]
être nécessaire	**ser necessário**	[ser nese'sarju]
être pressé	**apressar-se** (vr)	[apre'sarsi]
étudier (vt)	**estudar** (vt)	[istu'dar]
excuser (vt)	**desculpar** (vt)	[dʒiskuw'par]
exiger (vt)	**exigir** (vt)	[ezi'ʒir]
exister (vi)	**existir** (vi)	[ezis'tʃir]
expliquer (vt)	**explicar** (vt)	[ispli'kar]
faire (vt)	**fazer** (vt)	[fa'zer]
faire tomber	**deixar cair** (vt)	[dej'ʃar ka'ir]
finir (vt)	**acabar, terminar** (vt)	[aka'bar], [termi'nar]
garder (conserver)	**guardar** (vt)	[gwar'dar]
gronder, réprimander (vt)	**ralhar, repreender** (vt)	[ha'ʎar], [heprjẽ'der]
informer (vt)	**informar** (vt)	[ĩfor'mar]
insister (vi)	**insistir** (vi)	[ĩsis'tʃir]
insulter (vt)	**insultar** (vt)	[ĩsuw'tar]
inviter (vt)	**convidar** (vt)	[kõvi'dar]
jouer (s'amuser)	**brincar, jogar** (vi, vt)	[brĩ'kar], [ʒo'gar]

15. Les verbes les plus importants. Partie 3

libérer (ville, etc.)	**libertar, liberar** (vt)	[liber'tar], [libe'rar]
lire (vi, vt)	**ler** (vt)	[ler]

louer (prendre en location)	alugar (vt)	[alu'gar]
manquer (l'école)	faltar a ...	[faw'tar a]
menacer (vt)	ameaçar (vt)	[amea'sar]

mentionner (vt)	mencionar (vt)	[mẽsjo'nar]
montrer (vt)	mostrar (vt)	[mos'trar]
nager (vi)	nadar (vi)	[na'dar]
objecter (vt)	objetar (vt)	[obʒe'tar]
observer (vt)	observar (vt)	[obser'var]

ordonner (mil.)	ordenar (vt)	[orde'nar]
oublier (vt)	esquecer (vt)	[iske'ser]
ouvrir (vt)	abrir (vt)	[a'brir]
pardonner (vt)	perdoar (vt)	[per'dwar]
parler (vi, vt)	falar (vi)	[fa'lar]

participer à ...	participar (vi)	[partʃisi'par]
payer (régler)	pagar (vt)	[pa'gar]
penser (vi, vt)	pensar (vi, vt)	[pẽ'sar]
permettre (vt)	permitir (vt)	[permi'tʃir]
plaire (être apprécié)	gostar (vt)	[gos'tar]

plaisanter (vi)	brincar (vi)	[brĩ'kar]
planifier (vt)	planejar (vt)	[plane'ʒar]
pleurer (vi)	chorar (vi)	[ʃo'rar]
posséder (vt)	possuir (vt)	[po'swir]
pouvoir (v aux)	poder (vi)	[po'der]
préférer (vt)	preferir (vt)	[prefe'rir]

prendre (vt)	pegar (vt)	[pe'gar]
prendre en note	anotar (vt)	[ano'tar]
prendre le petit déjeuner	tomar café da manhã	[to'mar ka'fɛ da ma'ɲã]
préparer (le dîner)	preparar (vt)	[prepa'rar]
prévoir (vt)	prever (vt)	[pre'ver]

prier (~ Dieu)	rezar, orar (vi)	[he'zar], [o'rar]
promettre (vt)	prometer (vt)	[prome'ter]
prononcer (vt)	pronunciar (vt)	[pronũ'sjar]
proposer (vt)	propor (vt)	[pro'por]
punir (vt)	punir (vt)	[pu'nir]

16. Les verbes les plus importants. Partie 4

recommander (vt)	recomendar (vt)	[hekomẽ'dar]
regretter (vt)	arrepender-se (vr)	[ahepẽ'dersi]
répéter (dire encore)	repetir (vt)	[hepe'tʃir]
répondre (vi, vt)	responder (vt)	[hespõ'der]
réserver (une chambre)	reservar (vt)	[hezer'var]

rester silencieux	ficar em silêncio	[fi'kar ẽ si'lẽsju]
réunir (regrouper)	unir (vt)	[u'nir]
rire (vi)	rir (vi)	[hir]
s'arrêter (vp)	parar (vi)	[pa'rar]
s'asseoir (vp)	sentar-se (vr)	[sẽ'tarsi]

sauver (la vie à qn)	**salvar** (vt)	[saw'var]
savoir (qch)	**saber** (vt)	[sa'ber]
se baigner (vp)	**ir nadar**	[ir na'dar]
se plaindre (vp)	**queixar-se** (vr)	[kej'ʃarsi]
se refuser (vp)	**negar-se** (vt)	[ne'garsi]
se tromper (vp)	**errar** (vi)	[e'har]
se vanter (vp)	**gabar-se** (vr)	[ga'barsi]
s'étonner (vp)	**surpreender-se** (vr)	[surprjẽ'dersi]
s'excuser (vp)	**desculpar-se** (vr)	[dʒiskuw'parsi]
signer (vt)	**assinar** (vt)	[asi'nar]
signifier (vt)	**significar** (vt)	[signifi'kar]
s'intéresser (vp)	**interessar-se** (vr)	[ĩtere'sarsi]
sortir (aller dehors)	**sair** (vi)	[sa'ir]
sourire (vi)	**sorrir** (vi)	[so'hir]
sous-estimer (vt)	**subestimar** (vt)	[subestʃi'mar]
suivre ... (suivez-moi)	**seguir ...**	[se'gir]
tirer (vi)	**disparar, atirar** (vi)	[dʒispa'rar], [atʃi'rar]
tomber (vi)	**cair** (vi)	[ka'ir]
toucher (avec les mains)	**tocar** (vt)	[to'kar]
tourner (~ à gauche)	**virar** (vi)	[vi'rar]
traduire (vt)	**traduzir** (vt)	[tradu'zir]
travailler (vi)	**trabalhar** (vi)	[traba'ʎar]
tromper (vt)	**enganar** (vt)	[ẽga'nar]
trouver (vt)	**encontrar** (vt)	[ẽkõ'trar]
tuer (vt)	**matar** (vt)	[ma'tar]
vendre (vt)	**vender** (vt)	[vẽ'der]
venir (vi)	**chegar** (vi)	[ʃe'gar]
voir (vt)	**ver** (vt)	[ver]
voler (avion, oiseau)	**voar** (vi)	[vo'ar]
voler (qch à qn)	**roubar** (vt)	[ho'bar]
vouloir (vt)	**querer** (vt)	[ke'rer]

LA NOTION DE TEMPS. LE CALENDRIER

17. Les jours de la semaine

lundi (m)	segunda-feira (f)	[se'gũda-'fejra]
mardi (m)	terça-feira (f)	['tersa 'fejra]
mercredi (m)	quarta-feira (f)	['kwarta-'fejra]
jeudi (m)	quinta-feira (f)	['kĩta-'fejra]
vendredi (m)	sexta-feira (f)	['sesta-'fejra]
samedi (m)	sábado (m)	['sabadu]
dimanche (m)	domingo (m)	[do'mĩgu]
aujourd'hui (adv)	hoje	['oʒi]
demain (adv)	amanhã	[ama'ɲã]
après-demain (adv)	depois de amanhã	[de'pojs de ama'ɲã]
hier (adv)	ontem	['õtẽ]
avant-hier (adv)	anteontem	[ãtʃi'õtẽ]
jour (m)	dia (m)	['dʒia]
jour (m) ouvrable	dia (m) de trabalho	['dʒia de tra'baʎu]
jour (m) férié	feriado (m)	[fe'rjadu]
jour (m) de repos	dia (m) de folga	['dʒia de 'fowga]
week-end (m)	fim (m) de semana	[fĩ de se'mana]
toute la journée	o dia todo	[u 'dʒia 'todu]
le lendemain	no dia seguinte	[nu 'dʒia se'gĩtʃi]
il y a 2 jours	há dois dias	[a 'dojs 'dʒias]
la veille	na véspera	[na 'vɛspera]
quotidien (adj)	diário	['dʒjarju]
tous les jours	todos os dias	['todus us 'dʒias]
semaine (f)	semana (f)	[se'mana]
la semaine dernière	na semana passada	[na se'mana pa'sada]
la semaine prochaine	semana que vem	[se'mana ke vẽj]
hebdomadaire (adj)	semanal	[sema'naw]
chaque semaine	toda semana	['tɔda se'mana]
2 fois par semaine	duas vezes por semana	['duas 'vezis por se'mana]
tous les mardis	toda terça-feira	['tɔda tersa 'fejra]

18. Les heures. Le jour et la nuit

matin (m)	manhã (f)	[ma'ɲã]
le matin	de manhã	[de ma'ɲã]
midi (m)	meio-dia (m)	['meju 'dʒia]
dans l'après-midi	à tarde	[a 'tardʒi]
soir (m)	tardinha (f)	[tar'dʒiɲa]
le soir	à tardinha	[a tar'dʒiɲa]

nuit (f)	**noite** (f)	['nojtʃi]
la nuit	**à noite**	[a 'nojtʃi]
minuit (f)	**meia-noite** (f)	['meja 'nojtʃi]
seconde (f)	**segundo** (m)	[se'gũdu]
minute (f)	**minuto** (m)	[mi'nutu]
heure (f)	**hora** (f)	['ɔra]
demi-heure (f)	**meia hora** (f)	['meja 'ɔra]
un quart d'heure	**quarto** (m) **de hora**	['kwartu de 'ɔra]
quinze minutes	**quinze minutos**	['kĩzi mi'nutus]
vingt-quatre heures	**vinte e quatro horas**	['vĩtʃi i 'kwatru 'ɔras]
lever (m) du soleil	**nascer** (m) **do sol**	[na'ser du sɔw]
aube (f)	**amanhecer** (m)	[amaɲe'ser]
point (m) du jour	**madrugada** (f)	[madru'gada]
coucher (m) du soleil	**pôr-do-sol** (m)	[por du 'sɔw]
tôt le matin	**de madrugada**	[de madru'gada]
ce matin	**esta manhã**	['ɛsta ma'ɲã]
demain matin	**amanhã de manhã**	[ama'ɲã de ma'ɲã]
cet après-midi	**esta tarde**	['ɛsta 'tardʒi]
dans l'après-midi	**à tarde**	[a 'tardʒi]
demain après-midi	**amanhã à tarde**	[ama'ɲã a 'tardʒi]
ce soir	**esta noite, hoje à noite**	['ɛsta 'nojtʃi], ['oʒi a 'nojtʃi]
demain soir	**amanhã à noite**	[ama'ɲã a 'nojtʃi]
à 3 heures précises	**às três horas em ponto**	[as tres 'ɔras ẽ 'põtu]
autour de 4 heures	**por volta das quatro**	[por 'vɔwta das 'kwatru]
vers midi	**às doze**	[as 'dozi]
dans 20 minutes	**em vinte minutos**	[ẽ 'vĩtʃi mi'nutus]
dans une heure	**em uma hora**	[ẽ 'uma 'ɔra]
à temps	**a tempo**	[a 'tẽpu]
... moins le quart	**... um quarto para**	[... ũ 'kwartu 'para]
en une heure	**dentro de uma hora**	['dẽtru de 'uma 'ɔra]
tous les quarts d'heure	**a cada quinze minutos**	[a 'kada 'kĩzi mi'nutus]
24 heures sur 24	**as vinte e quatro horas**	[as 'vĩtʃi i 'kwatru 'ɔras]

19. Les mois. Les saisons

janvier (m)	**janeiro** (m)	[ʒa'nejru]
février (m)	**fevereiro** (m)	[feve'rejru]
mars (m)	**março** (m)	['marsu]
avril (m)	**abril** (m)	[a'briw]
mai (m)	**maio** (m)	['maju]
juin (m)	**junho** (m)	['ʒuɲu]
juillet (m)	**julho** (m)	['ʒuʎu]
août (m)	**agosto** (m)	[a'gostu]
septembre (m)	**setembro** (m)	[se'tẽbru]
octobre (m)	**outubro** (m)	[o'tubru]

novembre (m)	novembro (m)	[no'vẽbru]
décembre (m)	dezembro (m)	[de'zẽbru]
printemps (m)	primavera (f)	[prima'vɛra]
au printemps	na primavera	[na prima'vɛra]
de printemps (adj)	primaveril	[primave'riw]
été (m)	verão (m)	[ve'rãw]
en été	no verão	[nu ve'rãw]
d'été (adj)	de verão	[de ve'rãw]
automne (m)	outono (m)	[o'tɔnu]
en automne	no outono	[nu o'tɔnu]
d'automne (adj)	outonal	[oto'naw]
hiver (m)	inverno (m)	[ĩ'vɛrnu]
en hiver	no inverno	[nu ĩ'vɛrnu]
d'hiver (adj)	de inverno	[de ĩ'vɛrnu]
mois (m)	mês (m)	[mes]
ce mois	este mês	['estʃi mes]
le mois prochain	mês que vem	['mes ki vẽj]
le mois dernier	no mês passado	[no mes pa'sadu]
il y a un mois	um mês atrás	[ũ 'mes a'trajs]
dans un mois	em um mês	[ẽ ũ mes]
dans 2 mois	em dois meses	[ẽ dojs 'mezis]
tout le mois	todo o mês	['todu u mes]
tout un mois	um mês inteiro	[ũ mes ĩ'tejru]
mensuel (adj)	mensal	[mẽ'saw]
mensuellement	mensalmente	[mẽsaw'mẽtʃi]
chaque mois	todo mês	['todu 'mes]
2 fois par mois	duas vezes por mês	['duas 'vezis por mes]
année (f)	ano (m)	['anu]
cette année	este ano	['estʃi 'anu]
l'année prochaine	ano que vem	['anu ki vẽj]
l'année dernière	no ano passado	[nu 'anu pa'sadu]
il y a un an	há um ano	[a ũ 'anu]
dans un an	em um ano	[ẽ ũ 'anu]
dans 2 ans	dentro de dois anos	['dẽtru de 'dojs 'anus]
toute l'année	todo o ano	['todu u 'anu]
toute une année	um ano inteiro	[ũ 'anu ĩ'tejru]
chaque année	cada ano	['kada 'anu]
annuel (adj)	anual	[a'nwaw]
annuellement	anualmente	[anwaw'mẽte]
4 fois par an	quatro vezes por ano	['kwatru 'vezis por 'anu]
date (f) (jour du mois)	data (f)	['data]
date (f) (~ mémorable)	data (f)	['data]
calendrier (m)	calendário (m)	[kalẽ'darju]
six mois	meio ano	['meju 'anu]
semestre (m)	seis meses	[sejs 'mezis]

saison (f)	**estação** (f)	[ista'sãw]
siècle (m)	**século** (m)	['sɛkulu]

LES VOYAGES. L'HÔTEL

20. Les voyages. Les excursions

tourisme (m)	turismo (m)	[tu'rizmu]
touriste (m)	turista (m)	[tu'rista]
voyage (m) (à l'étranger)	viagem (f)	['vjaʒẽ]
aventure (f)	aventura (f)	[avẽ'tura]
voyage (m)	viagem (f)	['vjaʒẽ]
vacances (f pl)	férias (f pl)	['fɛrjas]
être en vacances	estar de férias	[is'tar de 'fɛrjas]
repos (m) (jours de ~)	descanso (m)	[dʒis'kãsu]
train (m)	trem (m)	[trẽj]
en train	de trem	[de trẽj]
avion (m)	avião (m)	[a'vjãw]
en avion	de avião	[de a'vjãw]
en voiture	de carro	[de 'kaho]
en bateau	de navio	[de na'viu]
bagage (m)	bagagem (f)	[ba'gaʒẽ]
malle (f)	mala (f)	['mala]
chariot (m)	carrinho (m)	[ka'hiɲu]
passeport (m)	passaporte (m)	[pasa'portʃi]
visa (m)	visto (m)	['vistu]
ticket (m)	passagem (f)	[pa'saʒẽ]
billet (m) d'avion	passagem (f) aérea	[pa'saʒẽ a'erja]
guide (m) (livre)	guia (m) de viagem	['gia de vi'aʒẽ]
carte (f)	mapa (m)	['mapa]
région (f) (~ rurale)	área (f)	['arja]
endroit (m)	lugar (m)	[lu'gar]
exotisme (m)	exotismo (m)	[ezo'tʃizmu]
exotique (adj)	exótico	[e'zɔtʃiku]
étonnant (adj)	surpreendente	[surprjẽ'dẽtʃi]
groupe (m)	grupo (m)	['grupu]
excursion (f)	excursão (f)	[iskur'sãw]
guide (m) (personne)	guia (m)	['gia]

21. L'hôtel

hôtel (m)	hotel (m)	[o'tɛw]
motel (m)	motel (m)	[mo'tɛw]
3 étoiles	três estrelas	['tres is'trelas]

| 5 étoiles | cinco estrelas | ['sĩku is'trelas] |
| descendre (à l'hôtel) | ficar (vi, vt) | [fi'kar] |

chambre (f)	quarto (m)	['kwartu]
chambre (f) simple	quarto (m) individual	['kwartu ĩdʒivi'dwaw]
chambre (f) double	quarto (m) duplo	['kwartu 'duplu]
réserver une chambre	reservar um quarto	[hezer'var ũ 'kwartu]

| demi-pension (f) | meia pensão (f) | ['meja pẽ'sãw] |
| pension (f) complète | pensão (f) completa | [pẽ'sãw kõ'plɛta] |

avec une salle de bain	com banheira	[kõ ba'ɲejra]
avec une douche	com chuveiro	[kõ ʃu'vejru]
télévision (f) par satellite	televisão (m) por satélite	[televi'zãw por sa'tɛlitʃi]
climatiseur (m)	ar (m) condicionado	[ar kõdʒisjo'nadu]
serviette (f)	toalha (f)	[to'aʎa]
clé (f)	chave (f)	['ʃavi]

administrateur (m)	administrador (m)	[adʒiministra'dor]
femme (f) de chambre	camareira (f)	[kama'rejra]
porteur (m)	bagageiro (m)	[baga'ʒejru]
portier (m)	porteiro (m)	[por'tejru]

restaurant (m)	restaurante (m)	[hestaw'rãtʃi]
bar (m)	bar (m)	[bar]
petit déjeuner (m)	café (m) da manhã	[ka'fɛ da ma'ɲã]
dîner (m)	jantar (m)	[ʒã'tar]
buffet (m)	bufê (m)	[bu'fe]

| hall (m) | saguão (m) | [sa'gwãw] |
| ascenseur (m) | elevador (m) | [eleva'dor] |

| PRIÈRE DE NE PAS DÉRANGER | NÃO PERTURBE | ['nãw per'turbi] |
| DÉFENSE DE FUMER | PROIBIDO FUMAR! | [proi'bidu fu'mar] |

22. Le tourisme

monument (m)	monumento (m)	[monu'mẽtu]
forteresse (f)	fortaleza (f)	[forta'leza]
palais (m)	palácio (m)	[pa'lasju]
château (m)	castelo (m)	[kas'tɛlu]
tour (f)	torre (f)	['tohi]
mausolée (m)	mausoléu (m)	[mawzo'lɛw]

architecture (f)	arquitetura (f)	[arkite'tura]
médiéval (adj)	medieval	[medʒje'vaw]
ancien (adj)	antigo	[ã'tʃigu]
national (adj)	nacional	[nasjo'naw]
connu (adj)	famoso	[fa'mozu]

touriste (m)	turista (m)	[tu'rista]
guide (m) (personne)	guia (m)	['gia]
excursion (f)	excursão (f)	[iskur'sãw]

montrer (vt)	**mostrar** (vt)	[mos'trar]
raconter (une histoire)	**contar** (vt)	[kõ'tar]
trouver (vt)	**encontrar** (vt)	[ẽkõ'trar]
se perdre (vp)	**perder-se** (vr)	[per'dersi]
plan (m) (du metro, etc.)	**mapa** (m)	['mapa]
carte (f) (de la ville, etc.)	**mapa** (m)	['mapa]
souvenir (m)	**lembrança** (f), **presente** (m)	[lẽ'brãsa], [pre'zẽtʃi]
boutique (f) de souvenirs	**loja** (f) **de presentes**	['lɔʒa de pre'zẽtʃis]
prendre en photo	**tirar fotos**	[tʃi'rar 'fotus]
se faire prendre en photo	**fotografar-se** (vr)	[fotogra'farse]

LES TRANSPORTS

23. L'aéroport

aéroport (m)	aeroporto (m)	[aero'portu]
avion (m)	avião (m)	[a'vjãw]
compagnie (f) aérienne	companhia (f) aérea	[kõpa'nia a'erja]
contrôleur (m) aérien	controlador (m) de tráfego aéreo	[kõtrola'dor de 'trafegu a'erju]
départ (m)	partida (f)	[par'tʃida]
arrivée (f)	chegada (f)	[ʃe'gada]
arriver (par avion)	chegar (vi)	[ʃe'gar]
temps (m) de départ	hora (f) de partida	['ɔra de par'tʃida]
temps (m) d'arrivée	hora (f) de chegada	['ɔra de ʃe'gada]
être retardé	estar atrasado	[is'tar atra'zadu]
retard (m) de l'avion	atraso (m) de voo	[a'trazu de 'vou]
tableau (m) d'informations	painel (m) de informação	[paj'nɛw de ĩforma'sãw]
information (f)	informação (f)	[ĩforma'sãw]
annoncer (vt)	anunciar (vt)	[anũ'sjar]
vol (m)	voo (m)	['vou]
douane (f)	alfândega (f)	[aw'fãdʒiga]
douanier (m)	funcionário (m) da alfândega	[fũsjo'narju da aw'fãdʒiga]
déclaration (f) de douane	declaração (f) alfandegária	[deklara'sãw awfãde'garja]
remplir (vt)	preencher (vt)	[preẽ'ʃer]
remplir la déclaration	preencher a declaração	[preẽ'ʃer a deklara'sãw]
contrôle (m) de passeport	controle (m) de passaporte	[kõ'troli de pasa'pɔrtʃi]
bagage (m)	bagagem (f)	[ba'gaʒẽ]
bagage (m) à main	bagagem (f) de mão	[ba'gaʒẽ de 'mãw]
chariot (m)	carrinho (m)	[ka'hiɲu]
atterrissage (m)	pouso (m)	['pozu]
piste (f) d'atterrissage	pista (f) de pouso	['pista de 'pozu]
atterrir (vi)	aterrissar (vi)	[atehi'sar]
escalier (m) d'avion	escada (f) de avião	[is'kada de a'vjãw]
enregistrement (m)	check-in (m)	[ʃɛ'kin]
comptoir (m) d'enregistrement	balcão (m) do check-in	[baw'kãw du ʃɛ'kin]
s'enregistrer (vp)	fazer o check-in	[fa'zer u ʃɛ'kin]
carte (f) d'embarquement	cartão (m) de embarque	[kar'tãw de ẽ'barki]
porte (f) d'embarquement	portão (m) de embarque	[por'tãw de ẽ'barki]
transit (m)	trânsito (m)	['trãzitu]
attendre (vt)	esperar (vt)	[ispe'rar]

salle (f) d'attente	sala (f) de espera	['sala de is'pɛra]
raccompagner	despedir-se de …	[dʒispe'dʒirsi de]
(à l'aéroport, etc.)		
dire au revoir	despedir-se (vr)	[dʒispe'dʒirsi]

24. L'avion

avion (m)	avião (m)	[a'vjãw]
billet (m) d'avion	passagem (f) aérea	[pa'saʒẽ a'erja]
compagnie (f) aérienne	companhia (f) aérea	[kõpa'ɲia a'erja]
aéroport (m)	aeroporto (m)	[aero'portu]
supersonique (adj)	supersônico	[super'soniku]

commandant (m) de bord	comandante (m) do avião	[komã'dãtʃi du a'vjãw]
équipage (m)	tripulação (f)	[tripula'sãw]
pilote (m)	piloto (m)	[pi'lotu]
hôtesse (f) de l'air	aeromoça (f)	[aero'mosa]
navigateur (m)	copiloto (m)	[kopi'lotu]

ailes (f pl)	asas (f pl)	['azas]
queue (f)	cauda (f)	['kawda]
cabine (f)	cabine (f)	[ka'bini]
moteur (m)	motor (m)	[mo'tor]
train (m) d'atterrissage	trem (m) de pouso	[trẽj de 'pozu]
turbine (f)	turbina (f)	[tur'bina]

hélice (f)	hélice (f)	['ɛlisi]
boîte (f) noire	caixa-preta (f)	['kaɪʃa 'preta]
gouvernail (m)	coluna (f) de controle	[ko'luna de kõ'troli]
carburant (m)	combustível (m)	[kõbus'tʃivew]

consigne (f) de sécurité	instruções (f pl) de segurança	[ĩstru'sõjs de segu'rãsa]
masque (m) à oxygène	máscara (f) de oxigênio	['maskara de oksi'ʒenju]
uniforme (m)	uniforme (m)	[uni'fɔrmi]

| gilet (m) de sauvetage | colete (m) salva-vidas | [ko'letʃi 'sawva 'vidas] |
| parachute (m) | paraquedas (m) | [para'kɛdas] |

décollage (m)	decolagem (f)	[deko'laʒẽ]
décoller (vi)	descolar (vi)	[dʒisko'lar]
piste (f) de décollage	pista (f) de decolagem	['pista de deko'laʒẽ]

| visibilité (f) | visibilidade (f) | [vizibili'dadʒi] |
| vol (m) (~ d'oiseau) | voo (m) | ['vou] |

| altitude (f) | altura (f) | [aw'tura] |
| trou (m) d'air | poço (m) de ar | ['posu de 'ar] |

place (f)	assento (m)	[a'sẽtu]
écouteurs (m pl)	fone (m) de ouvido	['foni de o'vidu]
tablette (f)	mesa (f) retrátil	['meza he'tratʃiw]
hublot (m)	janela (f)	[ʒa'nɛla]
couloir (m)	corredor (m)	[kohe'dor]

25. Le train

train (m)	trem (m)	[trẽj]
train (m) de banlieue	trem (m) elétrico	[trẽj e'lɛtriku]
TGV (m)	trem (m)	[trẽj]
locomotive (f) diesel	locomotiva (f) diesel	[lokomo'tʃiva 'dʒizew]
locomotive (f) à vapeur	locomotiva (f) a vapor	[lokomo'tʃiva a va'por]
wagon (m)	vagão (f) de passageiros	[va'gãw de pasa'ʒejrus]
wagon-restaurant (m)	vagão-restaurante (m)	[va'gãw-hestaw'rãtʃi]
rails (m pl)	carris (m pl)	[ka'his]
chemin (m) de fer	estrada (f) de ferro	[is'trada de 'fɛhu]
traverse (f)	travessa (f)	[tra'vɛsa]
quai (m)	plataforma (f)	[plata'fɔrma]
voie (f)	linha (f)	['liɲa]
sémaphore (m)	semáforo (m)	[se'maforu]
station (f)	estação (f)	[ista'sãw]
conducteur (m) de train	maquinista (m)	[maki'nista]
porteur (m)	bagageiro (m)	[baga'ʒejru]
steward (m)	hospedeiro, -a (m, f)	[ospe'dejru, -a]
passager (m)	passageiro (m)	[pasa'ʒejru]
contrôleur (m) de billets	revisor (m)	[hevi'zor]
couloir (m)	corredor (m)	[kohe'dor]
frein (m) d'urgence	freio (m) de emergência	['freju de imer'ʒẽsja]
compartiment (m)	compartimento (m)	[kõpartʃi'mẽtu]
couchette (f)	cama (f)	['kama]
couchette (f) d'en haut	cama (f) de cima	['kama de 'sima]
couchette (f) d'en bas	cama (f) de baixo	['kama de 'baɪʃu]
linge (m) de lit	roupa (f) de cama	['hopa de 'kama]
ticket (m)	passagem (f)	[pa'saʒẽ]
horaire (m)	horário (m)	[o'rarju]
tableau (m) d'informations	painel (m) de informação	[paj'nɛw de ĩforma'sãw]
partir (vi)	partir (vt)	[par'tʃir]
départ (m) (du train)	partida (f)	[par'tʃida]
arriver (le train)	chegar (vi)	[ʃe'gar]
arrivée (f)	chegada (f)	[ʃe'gada]
arriver en train	chegar de trem	[ʃe'gar de trẽj]
prendre le train	pegar o trem	[pe'gar u trẽj]
descendre du train	descer de trem	[de'ser de trẽj]
accident (m) ferroviaire	acidente (m) ferroviário	[asi'dẽtʃi feho'vjarju]
dérailler (vi)	descarrilar (vi)	[dʒiskahi'ʎar]
locomotive (f) à vapeur	locomotiva (f) a vapor	[lokomo'tʃiva a va'por]
chauffeur (m)	foguista (m)	[fo'gista]
chauffe (f)	fornalha (f)	[for'naʎa]
charbon (m)	carvão (m)	[kar'vãw]

26. Le bateau

bateau (m)	navio (m)	[na'viu]
navire (m)	embarcação (f)	[ĕbarka'sãw]
bateau (m) à vapeur	barco (m) a vapor	['barku a va'por]
paquebot (m)	barco (m) fluvial	['barku flu'vjaw]
bateau (m) de croisière	transatlântico (m)	[trãzat'lãtʃiku]
croiseur (m)	cruzeiro (m)	[kru'zejru]
yacht (m)	iate (m)	['jatʃi]
remorqueur (m)	rebocador (m)	[heboka'dor]
péniche (f)	barcaça (f)	[bar'kasa]
ferry (m)	ferry (m), balsa (f)	['fɛʀi], ['balsa]
voilier (m)	veleiro (m)	[ve'lejru]
brigantin (m)	bergantim (m)	[behgã'tʃĩ]
brise-glace (m)	quebra-gelo (m)	['kɛbra 'ʒelu]
sous-marin (m)	submarino (m)	[subma'rinu]
canot (m) à rames	bote, barco (m)	['botʃi], ['barku]
dinghy (m)	baleeira (f)	[bale'ejra]
canot (m) de sauvetage	bote (m) salva-vidas	['botʃi 'sawva 'vidas]
canot (m) à moteur	lancha (f)	['lãʃa]
capitaine (m)	capitão (m)	[kapi'tãw]
matelot (m)	marinheiro (m)	[mari'ɲejru]
marin (m)	marujo (m)	[ma'ruʒu]
équipage (m)	tripulação (f)	[tripula'sãw]
maître (m) d'équipage	contramestre (m)	[kõtra'mɛstri]
mousse (m)	grumete (m)	[gru'mɛtʃi]
cuisinier (m) du bord	cozinheiro (m) de bordo	[kozi'ɲejru de 'bordu]
médecin (m) de bord	médico (m) de bordo	['mɛdʒiku de 'bordu]
pont (m)	convés (m)	[kõ'vɛs]
mât (m)	mastro (m)	['mastru]
voile (f)	vela (f)	['vɛla]
cale (f)	porão (m)	[po'rãw]
proue (f)	proa (f)	['proa]
poupe (f)	popa (f)	['popa]
rame (f)	remo (m)	['hɛmu]
hélice (f)	hélice (f)	['ɛlisi]
cabine (f)	cabine (m)	[ka'bini]
carré (m) des officiers	sala (f) dos oficiais	['sala dus ofi'sjajs]
salle (f) des machines	sala (f) das máquinas	['sala das 'makinas]
passerelle (f)	ponte (m) de comando	['põtʃi de ko'mãdu]
cabine (f) de T.S.F.	sala (f) de comunicações	['sala de komunika'sõjs]
onde (f)	onda (f)	['õda]
journal (m) de bord	diário (m) de bordo	['dʒjarju de 'bordu]
longue-vue (f)	luneta (f)	[lu'neta]
cloche (f)	sino (m)	['sinu]

pavillon (m)	**bandeira** (f)	[bã'dejra]
grosse corde (f) tressée	**cabo** (m)	['kabu]
nœud (m) marin	**nó** (m)	[nɔ]

rampe (f)	**corrimão** (m)	[kohi'mãw]
passerelle (f)	**prancha** (f) **de embarque**	['prãʃa de ẽ'barki]

ancre (f)	**âncora** (f)	['ãkora]
lever l'ancre	**recolher a âncora**	[heko'ʎer a 'ãkora]
jeter l'ancre	**jogar a âncora**	[ʒo'gar a 'ãkora]
chaîne (f) d'ancrage	**amarra** (f)	[a'maha]

port (m)	**porto** (m)	['portu]
embarcadère (m)	**cais, amarradouro** (m)	[kajs], [amaha'doru]
accoster (vi)	**atracar** (vi)	[atra'kar]
larguer les amarres	**desatracar** (vi)	[dʒizatra'kar]

voyage (m) (à l'étranger)	**viagem** (f)	['vjaʒẽ]
croisière (f)	**cruzeiro** (m)	[kru'zejru]
cap (m) (suivre un ~)	**rumo** (m)	['humu]
itinéraire (m)	**itinerário** (m)	[itʃine'rarju]

chenal (m)	**canal** (m) **de navegação**	[ka'naw de navega'sãw]
bas-fond (m)	**banco** (m) **de areia**	['bãku de a'reja]
échouer sur un bas-fond	**encalhar** (vt)	[ẽka'ʎar]

tempête (f)	**tempestade** (f)	[tẽpes'tadʒi]
signal (m)	**sinal** (m)	[si'naw]
sombrer (vi)	**afundar-se** (vr)	[afũ'darse]
Un homme à la mer!	**Homem ao mar!**	['ɔmẽ aw mah]
SOS (m)	**SOS**	[ɛseo'ɛsi]
bouée (f) de sauvetage	**boia** (f) **salva-vidas**	['bɔja 'sawva 'vidas]

LA VILLE

27. Les transports en commun

autobus (m)	ônibus (m)	['onibus]
tramway (m)	bonde (m) elétrico	['bõdʒi e'lɛtriku]
trolleybus (m)	trólebus (m)	['trɔlebus]
itinéraire (m)	rota (f), itinerário (m)	['hɔta], [itʃine'rarju]
numéro (m)	número (m)	['numeru]
prendre ...	ir de ...	[ir de]
monter (dans l'autobus)	entrar no ...	[ẽ'trar nu]
descendre de ...	descer do ...	[de'ser du]
arrêt (m)	parada (f)	[pa'rada]
arrêt (m) prochain	próxima parada (f)	['prɔsima pa'rada]
terminus (m)	terminal (m)	[termi'naw]
horaire (m)	horário (m)	[o'rarju]
attendre (vt)	esperar (vt)	[ispe'rar]
ticket (m)	passagem (f)	[pa'saʒẽ]
prix (m) du ticket	tarifa (f)	[ta'rifa]
caissier (m)	bilheteiro (m)	[biʎe'tejru]
contrôle (m) des tickets	controle (m) de passagens	[kõ'troli de pa'saʒãjʃ]
contrôleur (m)	revisor (m)	[hevi'zor]
être en retard	atrasar-se (vr)	[atra'zarsi]
rater (~ le train)	perder (vt)	[per'der]
se dépêcher	estar com pressa	[is'tar kõ 'prɛsa]
taxi (m)	táxi (m)	['taksi]
chauffeur (m) de taxi	taxista (m)	[tak'sista]
en taxi	de táxi	[de 'taksi]
arrêt (m) de taxi	ponto (m) de táxis	['põtu de 'taksis]
appeler un taxi	chamar um táxi	[ʃa'mar ũ 'taksi]
prendre un taxi	pegar um táxi	[pe'gar ũ 'taksi]
trafic (m)	tráfego (m)	['trafegu]
embouteillage (m)	engarrafamento (m)	[ẽgahafa'mẽtu]
heures (f pl) de pointe	horas (f pl) de pico	['ɔras de 'piku]
se garer (vp)	estacionar (vi)	[istasjo'nar]
garer (vt)	estacionar (vt)	[istasjo'nar]
parking (m)	parque (m) de estacionamento	['parki de istasjona'mẽtu]
métro (m)	metrô (m)	[me'tro]
station (f)	estação (f)	[ista'sãw]
prendre le métro	ir de metrô	[ir de me'tro]
train (m)	trem (m)	[trẽj]
gare (f)	estação (f) de trem	[ista'sãw de trẽj]

28. La ville. La vie urbaine

ville (f)	cidade (f)	[si'dadʒi]
capitale (f)	capital (f)	[kapi'taw]
village (m)	aldeia (f)	[aw'deja]
plan (m) de la ville	mapa (m) da cidade	['mapa da si'dadʒi]
centre-ville (m)	centro (m) da cidade	['sẽtru da si'dadʒi]
banlieue (f)	subúrbio (m)	[su'burbju]
de banlieue (adj)	suburbano	[subur'banu]
périphérie (f)	periferia (f)	[perife'ria]
alentours (m pl)	arredores (m pl)	[ahe'dɔris]
quartier (m)	quarteirão (m)	[kwartej'rãw]
quartier (m) résidentiel	quarteirão (m) residencial	[kwartej'rãw hezidẽ'sjaw]
trafic (m)	tráfego (m)	['trafegu]
feux (m pl) de circulation	semáforo (m)	[se'maforu]
transport (m) urbain	transporte (m) público	[trãs'portʃi 'publiku]
carrefour (m)	cruzamento (m)	[kruza'mẽtu]
passage (m) piéton	faixa (f)	['fajʃa]
passage (m) souterrain	túnel (m)	['tunew]
traverser (vt)	cruzar, atravessar (vt)	[kru'zar], [atrave'sar]
piéton (m)	pedestre (m)	[pe'dɛstri]
trottoir (m)	calçada (f)	[kaw'sada]
pont (m)	ponte (f)	['põtʃi]
quai (m)	margem (f) do rio	['marʒẽ du 'hiu]
fontaine (f)	fonte (f)	['fõtʃi]
allée (f)	alameda (f)	[ala'meda]
parc (m)	parque (m)	['parki]
boulevard (m)	bulevar (m)	[bule'var]
place (f)	praça (f)	['prasa]
avenue (f)	avenida (f)	[ave'nida]
rue (f)	rua (f)	['hua]
ruelle (f)	travessa (f)	[tra'vɛsa]
impasse (f)	beco (m) sem saída	['beku sẽ sa'ida]
maison (f)	casa (f)	['kaza]
édifice (m)	edifício, prédio (m)	[edʒi'fisju], ['prɛdʒju]
gratte-ciel (m)	arranha-céu (m)	[a'haɲa-sɛw]
façade (f)	fachada (f)	[fa'ʃada]
toit (m)	telhado (m)	[te'ʎadu]
fenêtre (f)	janela (f)	[ʒa'nɛla]
arc (m)	arco (m)	['arku]
colonne (f)	coluna (f)	[ko'luna]
coin (m)	esquina (f)	[is'kina]
vitrine (f)	vitrine (f)	[vi'trini]
enseigne (f)	letreiro (m)	[le'trejru]
affiche (f)	cartaz (m)	[kar'taz]
affiche (f) publicitaire	cartaz (m) publicitário	[kar'taz publisi'tarju]

panneau-réclame (m)	painel (m) publicitário	[paj'nɛw publisi'tarju]
ordures (f pl)	lixo (m)	['liʃu]
poubelle (f)	lixeira (f)	[li'ʃejra]
jeter à terre	jogar lixo na rua	[ʒo'gar 'liʃu na 'hua]
décharge (f)	aterro (m) sanitário	[a'tehu sani'tarju]

cabine (f) téléphonique	orelhão (m)	[ore'ʎãw]
réverbère (m)	poste (m) de luz	['pɔstʃi de luz]
banc (m)	banco (m)	['bãku]

policier (m)	polícia (m)	[po'lisja]
police (f)	polícia (f)	[po'lisja]
clochard (m)	mendigo, pedinte (m)	[mẽ'dʒigu], [pe'dʒĩtʃi]
sans-abri (m)	desabrigado (m)	[dʒizabri'gadu]

29. Les institutions urbaines

magasin (m)	loja (f)	['lɔʒa]
pharmacie (f)	drogaria (f)	[droga'ria]
opticien (m)	ótica (f)	['ɔtʃika]
centre (m) commercial	centro (m) comercial	['sẽtru komer'sjaw]
supermarché (m)	supermercado (m)	[supermer'kadu]

boulangerie (f)	padaria (f)	[pada'ria]
boulanger (m)	padeiro (m)	[pa'dejru]
pâtisserie (f)	pastelaria (f)	[pastela'ria]
épicerie (f)	mercearia (f)	[mersja'ria]
boucherie (f)	açougue (m)	[a'sogi]

magasin (m) de légumes	fruteira (f)	[fru'tejra]
marché (m)	mercado (m)	[mer'kadu]

salon (m) de café	cafeteria (f)	[kafete'ria]
restaurant (m)	restaurante (m)	[hestaw'rãtʃi]
brasserie (f)	bar (m)	[bar]
pizzeria (f)	pizzaria (f)	[pitsa'ria]

salon (m) de coiffure	salão (m) de cabeleireiro	[sa'lãw de kabelej'rejru]
poste (f)	agência (f) dos correios	[a'ʒẽsja dus ko'hejus]
pressing (m)	lavanderia (f)	[lavãde'ria]
atelier (m) de photo	estúdio (m) fotográfico	[is'tudʒu foto'grafiku]

magasin (m) de chaussures	sapataria (f)	[sapata'ria]
librairie (f)	livraria (f)	[livra'ria]
magasin (m) d'articles de sport	loja (f) de artigos esportivos	['lɔʒa de ar'tʃigus ispor'tʃivus]

atelier (m) de retouche	costureira (m)	[kostu'rejra]
location (f) de vêtements	aluguel (m) de roupa	[alu'gɛw de 'hopa]
location (f) de films	videolocadora (f)	['vidʒju·loka'dɔra]

cirque (m)	circo (m)	['sirku]
zoo (m)	jardim (m) zoológico	[ʒar'dʒĩ zo'lɔʒiku]
cinéma (m)	cinema (m)	[si'nɛma]
musée (m)	museu (m)	[mu'zew]

bibliothèque (f)	biblioteca (f)	[bibljo'tɛka]
théâtre (m)	teatro (m)	['tʃjatru]
opéra (m)	ópera (f)	['ɔpera]
boîte (f) de nuit	boate (f)	['bwatʃi]
casino (m)	cassino (m)	[ka'sinu]
mosquée (f)	mesquita (f)	[mes'kita]
synagogue (f)	sinagoga (f)	[sina'gɔga]
cathédrale (f)	catedral (f)	[kate'draw]
temple (m)	templo (m)	['tẽplu]
église (f)	igreja (f)	[i'greʒa]
institut (m)	faculdade (f)	[fakuw'dadʒi]
université (f)	universidade (f)	[universi'dadʒi]
école (f)	escola (f)	[is'kɔla]
préfecture (f)	prefeitura (f)	[prefej'tura]
mairie (f)	câmara (f) municipal	['kamara munisi'paw]
hôtel (m)	hotel (m)	[o'tɛw]
banque (f)	banco (m)	['bãku]
ambassade (f)	embaixada (f)	[ẽbaj'ʃada]
agence (f) de voyages	agência (f) de viagens	[a'ʒẽsja de 'vjaʒẽs]
bureau (m) d'information	agência (f) de informações	[a'ʒẽsja de ĩforma'sõjs]
bureau (m) de change	casa (f) de câmbio	['kaza de 'kãbju]
métro (m)	metrô (m)	[me'tro]
hôpital (m)	hospital (m)	[ospi'taw]
station-service (f)	posto (m) de gasolina	['postu de gazo'lina]
parking (m)	parque (m) de estacionamento	['parki de istasjona'mẽtu]

30. Les enseignes. Les panneaux

enseigne (f)	letreiro (m)	[le'trejru]
pancarte (f)	aviso (m)	[a'vizu]
poster (m)	pôster (m)	['poster]
indicateur (m) de direction	placa (f) de direção	['plaka]
flèche (f)	seta (f)	['sɛta]
avertissement (m)	aviso (m), advertência (f)	[a'vizu], [adʒiver'tẽsja]
panneau d'avertissement	sinal (m) de aviso	[si'naw de a'vizu]
avertir (vt)	avisar, advertir (vt)	[avi'zar], [adʒiver'tʃir]
jour (m) de repos	dia (m) de folga	['dʒia de 'fɔwga]
horaire (m)	horário (m)	[o'rarju]
heures (f pl) d'ouverture	horário (m)	[o'rarju]
BIENVENUE!	BEM-VINDOS!	[bẽj 'vĩdu]
ENTRÉE	ENTRADA	[ẽ'trada]
SORTIE	SAÍDA	[sa'ida]
POUSSER	EMPURRE	[ẽ'puhe]
TIRER	PUXE	['puʃe]

| OUVERT | ABERTO | [a'bɛrtu] |
| FERMÉ | FECHADO | [fe'ʃadu] |

| FEMMES | MULHER | [mu'ʎer] |
| HOMMES | HOMEM | ['ɔmẽ] |

RABAIS	DESCONTOS	[dʒis'kõtus]
SOLDES	SALDOS, PROMOÇÃO	['sawdus], [promo'sãw]
NOUVEAU!	NOVIDADE!	[novi'dadʒi]
GRATUIT	GRÁTIS	['gratʃis]

ATTENTION!	ATENÇÃO!	[atẽ'sãw]
COMPLET	NÃO HÁ VAGAS	['nãw a 'vagas]
RÉSERVÉ	RESERVADO	[hezer'vadu]

| ADMINISTRATION | ADMINISTRAÇÃO | [adʒiministra'sãw] |
| RÉSERVÉ AU PERSONNEL | SOMENTE PESSOAL AUTORIZADO | [sɔ'mẽtʃi pe'swaw awtori'zadu] |

ATTENTION CHIEN MÉCHANT	CUIDADO CÃO FEROZ	[kwi'dadu kãw fe'rɔz]
DÉFENSE DE FUMER	PROIBIDO FUMAR!	[proi'bidu fu'mar]
PRIÈRE DE NE PAS TOUCHER	NÃO TOCAR	['nãw to'kar]

DANGEREUX	PERIGOSO	[peri'gozu]
DANGER	PERIGO	[pe'rigu]
HAUTE TENSION	ALTA TENSÃO	['awta tẽ'sãw]
BAIGNADE INTERDITE	PROIBIDO NADAR	[proi'bidu na'dar]
HORS SERVICE	COM DEFEITO	[kõ de'fejtu]

INFLAMMABLE	INFLAMÁVEL	[ĩfla'mavew]
INTERDIT	PROIBIDO	[proi'bidu]
PASSAGE INTERDIT	ENTRADA PROIBIDA	[ẽ'trada proi'bida]
PEINTURE FRAÎCHE	CUIDADO TINTA FRESCA	[kwi'dadu 'tʃĩta 'freska]

31. Le shopping

acheter (vt)	comprar (vt)	[kõ'prar]
achat (m)	compra (f)	['kõpra]
faire des achats	fazer compras	[fa'zer 'kõpras]
shopping (m)	compras (f pl)	['kõpras]

| être ouvert | estar aberta | [is'tar a'bɛrta] |
| être fermé | estar fechada | [is'tar fe'ʃada] |

chaussures (f pl)	calçado (m)	[kaw'sadu]
vêtement (m)	roupa (f)	['hopa]
produits (m pl) de beauté	cosméticos (m pl)	[koz'mɛtʃikus]
produits (m pl) alimentaires	alimentos (m pl)	[ali'mẽtus]
cadeau (m)	presente (m)	[pre'zẽtʃi]
vendeur (m)	vendedor (m)	[vẽde'dor]
vendeuse (f)	vendedora (f)	[vẽde'dora]

caisse (f)	caixa (f)	['kaɪʃa]
miroir (m)	espelho (m)	[is'peʎu]
comptoir (m)	balcão (m)	[baw'kãw]
cabine (f) d'essayage	provador (m)	[prɔva'dor]

essayer (robe, etc.)	provar (vt)	[pro'var]
aller bien (robe, etc.)	servir (vi)	[ser'vir]
plaire (être apprécié)	gostar (vt)	[gos'tar]

prix (m)	preço (m)	['presu]
étiquette (f) de prix	etiqueta (f) de preço	[etʃi'keta de 'presu]
coûter (vt)	custar (vt)	[kus'tar]
Combien?	Quanto?	['kwãtu]
rabais (m)	desconto (m)	[dʒis'kõtu]

pas cher (adj)	não caro	['nãw 'karu]
bon marché (adj)	barato	[ba'ratu]
cher (adj)	caro	['karu]
C'est cher	É caro	[ɛ 'karu]

location (f)	aluguel (m)	[alu'gɛw]
louer (une voiture, etc.)	alugar (vt)	[alu'gar]
crédit (m)	crédito (m)	['krɛdʒitu]
à crédit (adv)	a crédito	[a 'krɛdʒitu]

LES VÊTEMENTS & LES ACCESSOIRES

32. Les vêtements d'extérieur

vêtement (m)	roupa (f)	['hopa]
survêtement (m)	roupa (f) exterior	['hopa iste'rjor]
vêtement (m) d'hiver	roupa (f) de inverno	['hopa de ĩ'vɛrnu]
manteau (m)	sobretudo (m)	[sobri'tudu]
manteau (m) de fourrure	casaco (m) de pele	[kaz'aku de 'pɛli]
veste (f) de fourrure	jaqueta (f) de pele	[ʒa'keta de 'pɛli]
manteau (m) de duvet	casaco (m) acolchoado	[ka'zaku akow'ʃwadu]
veste (f) (~ en cuir)	casaco (m), jaqueta (f)	[kaz'aku], [ʒa'keta]
imperméable (m)	impermeável (m)	[ĩper'mjavew]
imperméable (adj)	a prova d'água	[a 'prɔva 'dagwa]

33. Les vêtements

chemise (f)	camisa (f)	[ka'miza]
pantalon (m)	calça (f)	['kawsa]
jean (m)	jeans (m)	['dʒins]
veston (m)	paletó, terno (m)	[pale'tɔ], ['tɛrnu]
complet (m)	terno (m)	['tɛrnu]
robe (f)	vestido (m)	[ves'tʃidu]
jupe (f)	saia (f)	['saja]
chemisette (f)	blusa (f)	['bluza]
veste (f) en laine	casaco (m) de malha	[ka'zaku de 'maʎa]
jaquette (f), blazer (m)	casaco, blazer (m)	[ka'zaku], ['blejzer]
tee-shirt (m)	camiseta (f)	[kami'zɛta]
short (m)	short (m)	['ʃortʃi]
costume (m) de sport	training (m)	['trejnĩŋ]
peignoir (m) de bain	roupão (m) de banho	[ho'pãw de 'baɲu]
pyjama (m)	pijama (m)	[pi'ʒama]
chandail (m)	suéter (m)	['swɛter]
pull-over (m)	pulôver (m)	[pu'lover]
gilet (m)	colete (m)	[ko'letʃi]
queue-de-pie (f)	fraque (m)	['fraki]
smoking (m)	smoking (m)	[iz'mokĩs]
uniforme (m)	uniforme (m)	[uni'fɔrmi]
tenue (f) de travail	roupa (f) de trabalho	['hopa de tra'baʎu]
salopette (f)	macacão (m)	[maka'kãws]
blouse (f) (d'un médecin)	jaleco (m), bata (f)	[ʒa'lɛku], ['bata]

34. Les sous-vêtements

sous-vêtements (m pl)	roupa (f) íntima	['hopa 'ītʃima]
boxer (m)	cueca boxer (f)	['kwɛka 'bɔkser]
slip (m) de femme	calcinha (f)	[kaw'siɲa]
maillot (m) de corps	camiseta (f)	[kami'zɛta]
chaussettes (f pl)	meias (f pl)	['mejas]
chemise (f) de nuit	camisola (f)	[kami'zɔla]
soutien-gorge (m)	sutiã (m)	[su'tʃjã]
chaussettes (f pl) hautes	meias longas (f pl)	['mejas 'lõgas]
collants (m pl)	meias-calças (f pl)	['mejas 'kalsas]
bas (m pl)	meias (f pl)	['mejas]
maillot (m) de bain	maiô (m)	[ma'jo]

35. Les chapeaux

chapeau (m)	chapéu (m), touca (f)	[ʃa'pɛw], ['toka]
chapeau (m) feutre	chapéu (m) de feltro	[ʃa'pɛw de 'fewtru]
casquette (f) de base-ball	boné (m) de beisebol	[bo'nɛ de bejsi'bɔw]
casquette (f)	boina (f)	['bojna]
béret (m)	boina (f) francesa	['bojna frã'seza]
capuche (f)	capuz (m)	[ka'puz]
panama (m)	chapéu panamá (m)	[ʃa'pɛw pana'ma]
bonnet (m) de laine	touca (f)	['toka]
foulard (m)	lenço (m)	['lẽsu]
chapeau (m) de femme	chapéu (m) feminino	[ʃa'pɛw femi'ninu]
casque (m) (d'ouvriers)	capacete (m)	[kapa'setʃi]
calot (m)	bibico (m)	[bi'biko]
casque (m) (~ de moto)	capacete (m)	[kapa'setʃi]
melon (m)	chapéu-coco (m)	[ʃa'pɛw 'koku]
haut-de-forme (m)	cartola (f)	[kar'tɔla]

36. Les chaussures

chaussures (f pl)	calçado (m)	[kaw'sadu]
bottines (f pl)	botinas (f pl), sapatos (m pl)	[bo'tʃinas], [sapa'tõjs]
souliers (m pl) (~ plats)	sapatos (m pl)	[sa'patus]
bottes (f pl)	botas (f pl)	['bɔtas]
chaussons (m pl)	pantufas (f pl)	[pã'tufas]
tennis (m pl)	tênis (m pl)	['tenis]
baskets (f pl)	tênis (m pl)	['tenis]
sandales (f pl)	sandálias (f pl)	[sã'dalias]
cordonnier (m)	sapateiro (m)	[sapa'tejru]
talon (m)	salto (m)	['sawtu]

paire (f)	**par** (m)	[par]
lacet (m)	**cadarço** (m)	[ka'darsu]
lacer (vt)	**amarrar os cadarços**	[ama'har us ka'darsus]
chausse-pied (m)	**calçadeira** (f)	[kawsa'dejra]
cirage (m)	**graxa** (f) **para calçado**	['graʃa 'para kaw'sadu]

37. Les accessoires personnels

gants (m pl)	**luva** (f)	['luva]
moufles (f pl)	**mitenes** (f pl)	[mi'tɛnes]
écharpe (f)	**cachecol** (m)	[kaʃe'kɔw]
lunettes (f pl)	**óculos** (m pl)	['ɔkulus]
monture (f)	**armação** (f)	[arma'sãw]
parapluie (m)	**guarda-chuva** (m)	['gwarda 'ʃuva]
canne (f)	**bengala** (f)	[bẽ'gala]
brosse (f) à cheveux	**escova** (f) **para o cabelo**	[is'kova 'para u ka'belu]
éventail (m)	**leque** (m)	['lɛki]
cravate (f)	**gravata** (f)	[gra'vata]
nœud papillon (m)	**gravata-borboleta** (f)	[gra'vata borbo'leta]
bretelles (f pl)	**suspensórios** (m pl)	[suspẽ'sɔrjus]
mouchoir (m)	**lenço** (m)	['lẽsu]
peigne (m)	**pente** (m)	['pẽtʃi]
barrette (f)	**fivela** (f) **para cabelo**	[fi'vɛla 'para ka'belu]
épingle (f) à cheveux	**grampo** (m)	['grãpu]
boucle (f)	**fivela** (f)	[fi'vɛla]
ceinture (f)	**cinto** (m)	['sĩtu]
bandoulière (f)	**alça** (f) **de ombro**	['awsa de 'õbru]
sac (m)	**bolsa** (f)	['bowsa]
sac (m) à main	**bolsa, carteira** (f)	['bowsa], [kar'tejra]
sac (m) à dos	**mochila** (f)	[mo'ʃila]

38. Les vêtements. Divers

mode (f)	**moda** (f)	['mɔda]
à la mode (adj)	**na moda**	[na 'mɔda]
couturier, créateur de mode	**estilista** (m)	[istʃi'lista]
col (m)	**colarinho** (m)	[kola'riɲu]
poche (f)	**bolso** (m)	['bowsu]
de poche (adj)	**de bolso**	[de 'bowsu]
manche (f)	**manga** (f)	['mãga]
bride (f)	**ganchinho** (m)	[gã'ʃiɲu]
braguette (f)	**bragueta** (f)	[bra'gwetʃi]
fermeture (f) à glissière	**zíper** (m)	['ziper]
agrafe (f)	**colchete** (m)	[kow'ʃetʃi]
bouton (m)	**botão** (m)	[bo'tãw]

| boutonnière (f) | botoeira (f) | [bo'twejra] |
| s'arracher (bouton) | soltar-se (vr) | [sow'tarsi] |

coudre (vi, vt)	costurar (vi)	[kostu'rar]
broder (vt)	bordar (vt)	[bor'dar]
broderie (f)	bordado (m)	[bor'dadu]
aiguille (f)	agulha (f)	[a'guʎa]
fil (m)	fio, linha (f)	['fiu], ['liɲa]
couture (f)	costura (f)	[kos'tura]

se salir (vp)	sujar-se (vr)	[su'ʒarsi]
tache (f)	mancha (f)	['mãʃa]
se froisser (vp)	amarrotar-se (vr)	[amaho'tarse]
déchirer (vt)	rasgar (vt)	[haz'gar]
mite (f)	traça (f)	['trasa]

39. L'hygiène corporelle. Les cosmétiques

dentifrice (m)	pasta (f) de dente	['pasta de 'dẽtʃi]
brosse (f) à dents	escova (f) de dente	[is'kova de 'dẽtʃi]
se brosser les dents	escovar os dentes	[isko'var us 'dẽtʃis]

rasoir (m)	gilete (f)	[ʒi'lɛtʃi]
crème (f) à raser	creme (m) de barbear	['krɛmi de bar'bjar]
se raser (vp)	barbear-se (vr)	[bar'bjarsi]

| savon (m) | sabonete (m) | [sabo'netʃi] |
| shampooing (m) | xampu (m) | [ʃã'pu] |

ciseaux (m pl)	tesoura (f)	[te'zora]
lime (f) à ongles	lixa (f) de unhas	['liʃa de 'uɲas]
pinces (f pl) à ongles	corta-unhas (m)	['kɔrta 'uɲas]
pince (f) à épiler	pinça (f)	['pĩsa]

produits (m pl) de beauté	cosméticos (m pl)	[koz'mɛtʃikus]
masque (m) de beauté	máscara (f)	['maskara]
manucure (f)	manicure (f)	[mani'kuri]
se faire les ongles	fazer as unhas	[fa'zer as 'uɲas]
pédicurie (f)	pedicure (f)	[pedi'kure]

trousse (f) de toilette	bolsa (f) de maquiagem	['bowsa de ma'kjaʒẽ]
poudre (f)	pó (m)	[pɔ]
poudrier (m)	pó (m) compacto	[pɔ kõ'paktu]
fard (m) à joues	blush (m)	[blaʃ]

parfum (m)	perfume (m)	[per'fumi]
eau (f) de toilette	água-de-colônia (f)	['agwa de ko'lonja]
lotion (f)	loção (f)	[lo'sãw]
eau de Cologne (f)	colônia (f)	[ko'lonja]

fard (m) à paupières	sombra (f) de olhos	['sõbra de 'oʎus]
crayon (m) à paupières	delineador (m)	[delinja'dor]
mascara (m)	máscara (f), rímel (m)	['maskara], ['himew]
rouge (m) à lèvres	batom (m)	['batõ]

vernis (m) à ongles	esmalte (m)	[iz'mawtʃi]
laque (f) pour les cheveux	laquê (m), spray fixador (m)	[la'ke], [is'prej fiksa'dor]
déodorant (m)	desodorante (m)	[dʒizodo'rãtʃi]

crème (f)	creme (m)	['krɛmi]
crème (f) pour le visage	creme (m) de rosto	['krɛmi de 'hostu]
crème (f) pour les mains	creme (m) de mãos	['krɛmi de 'mãws]
crème (f) anti-rides	creme (m) antirrugas	['krɛmi ãtʃi'hugas]
crème (f) de jour	creme (m) de dia	['krɛmi de 'dʒia]
crème (f) de nuit	creme (m) de noite	['krɛmi de 'nojtʃi]
de jour (adj)	de dia	[de 'dʒia]
de nuit (adj)	da noite	[da 'nojtʃi]

tampon (m)	absorvente (m) interno	[absor'vẽtʃi ĩ'tɛrnu]
papier (m) de toilette	papel (m) higiênico	[pa'pɛw i'ʒjeniku]
sèche-cheveux (m)	secador (m) de cabelo	[seka'dor de ka'belu]

40. Les montres. Les horloges

montre (f)	relógio (m) de pulso	[he'lɔʒu de 'puwsu]
cadran (m)	mostrador (m)	[mostra'dor]
aiguille (f)	ponteiro (m)	[põ'tejru]
bracelet (m)	bracelete (f) em aço	[brase'letʃi ẽ 'asu]
bracelet (m) (en cuir)	bracelete (f) em couro	[brase'letʃi ẽ 'koru]

pile (f)	pilha (f)	['piʎa]
être déchargé	acabar (vi)	[aka'bar]
changer de pile	trocar a pilha	[tro'kar a 'piʎa]
avancer (vi)	estar adiantado	[is'tar adʒjã'tadu]
retarder (vi)	estar atrasado	[is'tar atra'zadu]

pendule (f)	relógio (m) de parede	[he'lɔʒu de pa'redʒi]
sablier (m)	ampulheta (f)	[ãpu'ʎeta]
cadran (m) solaire	relógio (m) de sol	[he'lɔʒu de sɔw]
réveil (m)	despertador (m)	[dʒisperta'dor]
horloger (m)	relojoeiro (m)	[helo'ʒwejru]
réparer (vt)	reparar (vt)	[hepa'rar]

L'EXPÉRIENCE QUOTIDIENNE

41. L'argent

argent (m)	dinheiro (m)	[dʒi'ɲejru]
échange (m)	câmbio (m)	['kãbju]
cours (m) de change	taxa (f) de câmbio	['taʃa de 'kãbju]
distributeur (m)	caixa (m) eletrônico	['kaɪʃa ele'troniku]
monnaie (f)	moeda (f)	['mwɛda]

dollar (m)	dólar (m)	['dɔlar]
euro (m)	euro (m)	['ewru]

lire (f)	lira (f)	['lira]
mark (m) allemand	marco (m)	['marku]
franc (m)	franco (m)	['frãku]
livre sterling (f)	libra (f) esterlina	['libra ister'linu]
yen (m)	iene (m)	['jɛni]

dette (f)	dívida (f)	['dʒivida]
débiteur (m)	devedor (m)	[deve'dor]
prêter (vt)	emprestar (vt)	[ẽpres'tar]
emprunter (vt)	pedir emprestado	[pe'dʒir ẽpres'tadu]

banque (f)	banco (m)	['bãku]
compte (m)	conta (f)	['kõta]
verser (dans le compte)	depositar (vt)	[depozi'tar]
verser dans le compte	depositar na conta	[depozi'tar na 'kõta]
retirer du compte	sacar (vt)	[sa'kar]

carte (f) de crédit	cartão (m) de crédito	[kar'tãw de 'krɛdʒitu]
espèces (f pl)	dinheiro (m) vivo	[dʒi'ɲejru 'vivu]
chèque (m)	cheque (m)	['ʃɛki]
faire un chèque	passar um cheque	[pa'sar ũ 'ʃɛki]
chéquier (m)	talão (m) de cheques	[ta'lãw de 'ʃɛkis]

portefeuille (m)	carteira (f)	[kar'tejra]
bourse (f)	niqueleira (f)	[nike'lejra]
coffre fort (m)	cofre (m)	['kɔfri]

héritier (m)	herdeiro (m)	[er'dejru]
héritage (m)	herança (f)	[e'rãsa]
fortune (f)	fortuna (f)	[for'tuna]

location (f)	arrendamento (m)	[ahẽda'mẽtu]
loyer (m) (argent)	aluguel (m)	[alu'gɛw]
louer (prendre en location)	alugar (vt)	[alu'gar]

prix (m)	preço (m)	['presu]
coût (m)	custo (m)	['kustu]

somme (f)	soma (f)	['sɔma]
dépenser (vt)	gastar (vt)	[gas'tar]
dépenses (f pl)	gastos (m pl)	['gastus]
économiser (vt)	economizar (vi)	[ekonomi'zar]
économe (adj)	econômico	[eko'nomiku]
payer (régler)	pagar (vt)	[pa'gar]
paiement (m)	pagamento (m)	[paga'mẽtu]
monnaie (f) (rendre la ~)	troco (m)	['troku]
impôt (m)	imposto (m)	[ĩ'postu]
amende (f)	multa (f)	['muwta]
mettre une amende	multar (vt)	[muw'tar]

42. La poste. Les services postaux

poste (f)	agência (f) dos correios	[a'ʒẽsja dus ko'hejus]
courrier (m) (lettres, etc.)	correio (m)	[ko'heju]
facteur (m)	carteiro (m)	[kar'tejru]
heures (f pl) d'ouverture	horário (m)	[o'rarju]
lettre (f)	carta (f)	['karta]
recommandé (m)	carta (f) registada	['karta heʒis'tada]
carte (f) postale	cartão (m) postal	[kar'tãw pos'taw]
télégramme (m)	telegrama (m)	[tele'grama]
colis (m)	encomenda (f)	[ẽko'mẽda]
mandat (m) postal	transferência (f) de dinheiro	[trãsfe'rẽsja de dʒi'ɲejru]
recevoir (vt)	receber (vt)	[hese'ber]
envoyer (vt)	enviar (vt)	[ẽ'vjar]
envoi (m)	envio (m)	[ẽ'viu]
adresse (f)	endereço (m)	[ẽde'resu]
code (m) postal	código (m) postal	['kɔdʒigu pos'taw]
expéditeur (m)	remetente (m)	[heme'tẽtʃi]
destinataire (m)	destinatário (m)	[destʃina'tarju]
prénom (m)	nome (m)	['nɔmi]
nom (m) de famille	sobrenome (m)	[sobri'nɔmi]
tarif (m)	tarifa (f)	[ta'rifa]
normal (adj)	ordinário	[ordʒi'narju]
économique (adj)	econômico	[eko'nomiku]
poids (m)	peso (m)	['pezu]
peser (~ les lettres)	pesar (vt)	[pe'zar]
enveloppe (f)	envelope (m)	[ẽve'lɔpi]
timbre (m)	selo (m) postal	['selu pos'taw]
timbrer (vt)	colar o selo	[ko'lar u 'selu]

43. Les opérations bancaires

banque (f)	banco (m)	['bãku]
agence (f) bancaire	balcão (f)	[baw'kãw]

| conseiller (m) | consultor (m) bancário | [kõsuw'tor bã'karju] |
| gérant (m) | gerente (m) | [ʒe'rẽtʃi] |

compte (m)	conta (f)	['kõta]
numéro (m) du compte	número (m) da conta	['numeru da 'kõta]
compte (m) courant	conta (f) corrente	['kõta ko'hẽtʃi]
compte (m) sur livret	conta (f) poupança	['kõta po'pãsa]

ouvrir un compte	abrir uma conta	[a'brir 'uma 'kõta]
clôturer le compte	fechar uma conta	[fe'ʃar 'uma 'kõta]
verser dans le compte	depositar na conta	[depozi'tar na 'kõta]
retirer du compte	sacar (vt)	[sa'kar]

dépôt (m)	depósito (m)	[de'pozitu]
faire un dépôt	fazer um depósito	[fa'zer ũ de'pozitu]
virement (m) bancaire	transferência (f) bancária	[trãsfe'rẽsja bã'karja]
faire un transfert	transferir (vt)	[trãsfe'rir]

| somme (f) | soma (f) | ['soma] |
| Combien? | Quanto? | ['kwãtu] |

| signature (f) | assinatura (f) | [asina'tura] |
| signer (vt) | assinar (vt) | [asi'nar] |

carte (f) de crédit	cartão (m) de crédito	[kar'tãw de 'krɛdʒitu]
code (m)	senha (f)	['sɛɲa]
numéro (m) de carte de crédit	número (m) do cartão de crédito	['numeru du kar'tãw de 'krɛdʒitu]
distributeur (m)	caixa (m) eletrônico	['kaɪʃa ele'troniku]

chèque (m)	cheque (m)	['ʃɛki]
faire un chèque	passar um cheque	[pa'sar ũ 'ʃɛki]
chéquier (m)	talão (m) de cheques	[ta'lãw de 'ʃɛkis]

crédit (m)	empréstimo (m)	[ẽ'prɛstʃimu]
demander un crédit	pedir um empréstimo	[pe'dʒir ũ ẽ'prɛstʃimu]
prendre un crédit	obter empréstimo	[ob'ter ẽ'prɛstʃimu]
accorder un crédit	dar um empréstimo	[dar ũ ẽ'prɛstʃimu]
gage (m)	garantia (f)	[garã'tʃia]

44. Le téléphone. La conversation téléphonique

téléphone (m)	telefone (m)	[tele'foni]
portable (m)	celular (m)	[selu'lar]
répondeur (m)	secretária (f) eletrônica	[sekre'tarja ele'tronika]

| téléphoner, appeler | fazer uma chamada | [fa'zer 'uma ʃa'mada] |
| appel (m) | chamada (f) | [ʃa'mada] |

composer le numéro	discar um número	[dʒis'kar ũ 'numeru]
Allô!	Alô!	[a'lo]
demander (~ l'heure)	perguntar (vt)	[pergũ'tar]
répondre (vi, vt)	responder (vt)	[hespõ'der]
entendre (bruit, etc.)	ouvir (vt)	[o'vir]

bien (adv)	bem	[bẽj]
mal (adv)	mal	[maw]
bruits (m pl)	ruído (m)	['hwidu]

récepteur (m)	fone (m)	['fɔni]
décrocher (vt)	pegar o telefone	[pe'gar u tele'fɔni]
raccrocher (vi)	desligar (vi)	[dʒizli'gar]

occupé (adj)	ocupado	[oku'padu]
sonner (vi)	tocar (vi)	[to'kar]
carnet (m) de téléphone	lista (f) telefônica	['lista tele'fonika]

local (adj)	local	[lo'kaw]
appel (m) local	chamada (f) local	[ʃa'mada lo'kaw]
interurbain (adj)	de longa distância	['de 'lõgu dʒis'tãsja]
appel (m) interurbain	chamada (f) de longa distância	[ʃa'mada de 'lõgu dʒis'tãsja]
international (adj)	internacional	[ĩternasjo'naw]
appel (m) international	chamada (f) internacional	[ʃa'mada ĩternasjo'naw]

45. Le téléphone portable

portable (m)	celular (m)	[selu'lar]
écran (m)	tela (f)	['tɛla]
bouton (m)	botão (m)	[bo'tãw]
carte SIM (f)	cartão SIM (m)	[kar'tãw sim]

pile (f)	bateria (f)	[bate'ria]
être déchargé	descarregar-se (vr)	[dʒiskahe'garsi]
chargeur (m)	carregador (m)	[kahega'dor]

menu (m)	menu (m)	[me'nu]
réglages (m pl)	configurações (f pl)	[kõfigura'sõjs]
mélodie (f)	melodia (f)	[melo'dʒia]
sélectionner (vt)	escolher (vt)	[isko'ʎer]

calculatrice (f)	calculadora (f)	[kawkula'dora]
répondeur (m)	correio (m) de voz	[ko'heju de vɔz]
réveil (m)	despertador (m)	[dʒisperta'dor]
contacts (m pl)	contatos (m pl)	[kõ'tatus]

SMS (m)	mensagem (f) de texto	[mẽ'saʒẽ de 'testu]
abonné (m)	assinante (m)	[asi'nãtʃi]

46. La papeterie

stylo (m) à bille	caneta (f)	[ka'neta]
stylo (m) à plume	caneta (f) tinteiro	[ka'neta tʃĩ'tejru]

crayon (m)	lápis (m)	['lapis]
marqueur (m)	marcador (m) de texto	[marka'dor de 'testu]
feutre (m)	caneta (f) hidrográfica	[ka'neta idro'grafika]

bloc-notes (m)	**bloco** (m) **de notas**	['blɔku de 'nɔtas]
agenda (m)	**agenda** (f)	[a'ʒɛ̃da]

règle (f)	**régua** (f)	['hɛgwa]
calculatrice (f)	**calculadora** (f)	[kawkula'dora]
gomme (f)	**borracha** (f)	[bo'haʃa]
punaise (f)	**alfinete** (m)	[awfi'netʃi]
trombone (m)	**clipe** (m)	['klipi]

colle (f)	**cola** (f)	['kɔla]
agrafeuse (f)	**grampeador** (m)	[grãpja'dor]
perforateur (m)	**furador** (m) **de papel**	[fura'dor de pa'pɛw]
taille-crayon (m)	**apontador** (m)	[apõta'dor]

47. Les langues étrangères

langue (f)	**língua** (f)	['lĩgwa]
étranger (adj)	**estrangeiro**	[istrã'ʒejru]
langue (f) étrangère	**língua** (f) **estrangeira**	['lĩgwa istrã'ʒejra]
étudier (vt)	**estudar** (vt)	[istu'dar]
apprendre (~ l'arabe)	**aprender** (vt)	[aprẽ'der]

lire (vi, vt)	**ler** (vt)	[ler]
parler (vi, vt)	**falar** (vi)	[fa'lar]
comprendre (vt)	**entender** (vt)	[ẽtẽ'der]
écrire (vt)	**escrever** (vt)	[iskre'ver]

vite (adv)	**rapidamente**	[hapida'mẽtʃi]
lentement (adv)	**lentamente**	[lẽta'mẽtʃi]
couramment (adv)	**fluentemente**	[fluẽte'mẽtʃi]

règles (f pl)	**regras** (f pl)	['hɛgras]
grammaire (f)	**gramática** (f)	[gra'matʃika]
vocabulaire (m)	**vocabulário** (m)	[vokabu'larju]
phonétique (f)	**fonética** (f)	[fo'nɛtʃika]

manuel (m)	**livro** (m) **didático**	['livru dʒi'datʃiku]
dictionnaire (m)	**dicionário** (m)	[dʒisjo'narju]
manuel (m) autodidacte	**manual** (m) **autodidático**	[ma'nwaw awtodʒi'datʃiku]
guide (m) de conversation	**guia** (m) **de conversação**	['gia de kõversa'sãw]

cassette (f)	**fita** (f) **cassete**	['fita ka'sɛtʃi]
cassette (f) vidéo	**videoteipe** (m)	[vidʒju'tejpi]
CD (m)	**CD, disco** (m) **compacto**	['sede], ['dʒisku kõ'paktu]
DVD (m)	**DVD** (m)	[deve'de]

alphabet (m)	**alfabeto** (m)	[awfa'bɛtu]
épeler (vt)	**soletrar** (vt)	[sole'trar]
prononciation (f)	**pronúncia** (f)	[pro'nũsja]

accent (m)	**sotaque** (m)	[so'taki]
avec un accent	**com sotaque**	[kõ so'taki]
sans accent	**sem sotaque**	[sẽ so'taki]
mot (m)	**palavra** (f)	[pa'lavra]

sens (m)	sentido (m)	[sẽ'tʃidu]
cours (m pl)	curso (m)	['kursu]
s'inscrire (vp)	inscrever-se (vr)	[ĩskre'verse]
professeur (m) (~ d'anglais)	professor (m)	[profe'sor]
traduction (f) (action)	tradução (f)	[tradu'sãw]
traduction (f) (texte)	tradução (f)	[tradu'sãw]
traducteur (m)	tradutor (m)	[tradu'tor]
interprète (m)	intérprete (m)	[ĩ'tɛrpretʃi]
polyglotte (m)	poliglota (m)	[pɔli'glɔta]
mémoire (f)	memória (f)	[me'mɔrja]

LES REPAS. LE RESTAURANT

48. Le dressage de la table

cuillère (f)	**colher** (f)	[ko'ʎer]
couteau (m)	**faca** (f)	['faka]
fourchette (f)	**garfo** (m)	['garfu]
tasse (f)	**xícara** (f)	['ʃikara]
assiette (f)	**prato** (m)	['pratu]
soucoupe (f)	**pires** (m)	['piris]
serviette (f)	**guardanapo** (m)	[gwarda'napu]
cure-dent (m)	**palito** (m)	[pa'litu]

49. Le restaurant

restaurant (m)	**restaurante** (m)	[hestaw'rãtʃi]
salon (m) de café	**cafeteria** (f)	[kafete'ria]
bar (m)	**bar** (m), **cervejaria** (f)	[bar], [serveʒa'ria]
salon (m) de thé	**salão** (m) **de chá**	[sa'lãw de ʃa]
serveur (m)	**garçom** (m)	[gar'sõ]
serveuse (f)	**garçonete** (f)	[garso'netʃi]
barman (m)	**barman** (m)	[bar'mã]
carte (f)	**cardápio** (m)	[kar'dapju]
carte (f) des vins	**lista** (f) **de vinhos**	['lista de 'viɲus]
réserver une table	**reservar uma mesa**	[hezer'var 'uma 'meza]
plat (m)	**prato** (m)	['pratu]
commander (vt)	**pedir** (vt)	[pe'dʒir]
faire la commande	**fazer o pedido**	[fa'zer u pe'dʒidu]
apéritif (m)	**aperitivo** (m)	[aperi'tʃivu]
hors-d'œuvre (m)	**entrada** (f)	[ẽ'trada]
dessert (m)	**sobremesa** (f)	[sobri'meza]
addition (f)	**conta** (f)	['kõta]
régler l'addition	**pagar a conta**	[pa'gar a 'kõta]
rendre la monnaie	**dar o troco**	[dar u 'troku]
pourboire (m)	**gorjeta** (f)	[gor'ʒeta]

50. Les repas

nourriture (f)	**comida** (f)	[ko'mida]
manger (vi, vt)	**comer** (vt)	[ko'mer]

petit déjeuner (m)	café (m) da manhã	[ka'fɛ da ma'ɲã]
prendre le petit déjeuner	tomar café da manhã	[to'mar ka'fɛ da ma'ɲã]
déjeuner (m)	almoço (m)	[aw'mosu]
déjeuner (vi)	almoçar (vi)	[awmo'sar]
dîner (m)	jantar (m)	[ʒã'tar]
dîner (vi)	jantar (vi)	[ʒã'tar]
appétit (m)	apetite (m)	[ape'tʃitʃi]
Bon appétit!	Bom apetite!	[bõ ape'tʃitʃi]
ouvrir (vt)	abrir (vt)	[a'brir]
renverser (liquide)	derramar (vt)	[deha'mar]
se renverser (liquide)	derramar-se (vr)	[deha'marsi]
bouillir (vi)	ferver (vi)	[fer'ver]
faire bouillir	ferver (vt)	[fer'ver]
bouilli (l'eau ~e)	fervido	[fer'vidu]
refroidir (vt)	esfriar (vt)	[is'frjar]
se refroidir (vp)	esfriar-se (vr)	[is'frjarse]
goût (m)	sabor, gosto (m)	[sa'bor], ['gostu]
arrière-goût (m)	fim (m) de boca	[fĩ de 'boka]
suivre un régime	emagrecer (vi)	[imagre'ser]
régime (m)	dieta (f)	['dʒjɛta]
vitamine (f)	vitamina (f)	[vita'mina]
calorie (f)	caloria (f)	[kalo'ria]
végétarien (m)	vegetariano (m)	[veʒeta'rjanu]
végétarien (adj)	vegetariano	[veʒeta'rjanu]
lipides (m pl)	gorduras (f pl)	[gor'duras]
protéines (f pl)	proteínas (f pl)	[prote'inas]
glucides (m pl)	carboidratos (m pl)	[karboi'dratus]
tranche (f)	fatia (f)	[fa'tʃia]
morceau (m)	pedaço (m)	[pe'dasu]
miette (f)	migalha (f), farelo (m)	[mi'gaʎa], [fa'rɛlu]

51. Les plats cuisinés

plat (m)	prato (m)	['pratu]
cuisine (f)	cozinha (f)	[ko'ziɲa]
recette (f)	receita (f)	[he'sejta]
portion (f)	porção (f)	[por'sãw]
salade (f)	salada (f)	[sa'lada]
soupe (f)	sopa (f)	['sopa]
bouillon (m)	caldo (m)	['kawdu]
sandwich (m)	sanduíche (m)	[sand'wiʃi]
les œufs brouillés	ovos (m pl) fritos	['ɔvus 'fritus]
hamburger (m)	hambúrguer (m)	[ã'burger]
steak (m)	bife (m)	['bifi]
garniture (f)	acompanhamento (m)	[akõpaɲa'mẽtu]

spaghettis (m pl)	espaguete (m)	[ispa'geti]
purée (f)	purê (m) de batata	[pu're de ba'tata]
pizza (f)	pizza (f)	['pitsa]
bouillie (f)	mingau (m)	[mĩ'gaw]
omelette (f)	omelete (f)	[ome'letʃi]
cuit à l'eau (adj)	fervido	[fer'vidu]
fumé (adj)	defumado	[defu'madu]
frit (adj)	frito	['fritu]
sec (adj)	seco	['seku]
congelé (adj)	congelado	[kõʒe'ladu]
mariné (adj)	em conserva	[ẽ kõ'serva]
sucré (adj)	doce	['dosi]
salé (adj)	salgado	[saw'gadu]
froid (adj)	frio	['friu]
chaud (adj)	quente	['kẽtʃi]
amer (adj)	amargo	[a'margu]
bon (savoureux)	gostoso	[gos'tozu]
cuire à l'eau	cozinhar em água fervente	[kozi'ɲar ẽ 'agwa fer'vẽtʃi]
préparer (le dîner)	preparar (vt)	[prepa'rar]
faire frire	fritar (vt)	[fri'tar]
réchauffer (vt)	aquecer (vt)	[ake'ser]
saler (vt)	salgar (vt)	[saw'gar]
poivrer (vt)	apimentar (vt)	[apimẽ'tar]
râper (vt)	ralar (vt)	[ha'lar]
peau (f)	casca (f)	['kaska]
éplucher (vt)	descascar (vt)	[dʒiskas'kar]

52. Les aliments

viande (f)	carne (f)	['karni]
poulet (m)	galinha (f)	[ga'liɲa]
poulet (m) (poussin)	frango (m)	['frãgu]
canard (m)	pato (m)	['patu]
oie (f)	ganso (m)	['gãsu]
gibier (m)	caça (f)	['kasa]
dinde (f)	peru (m)	[pe'ru]
du porc	carne (f) de porco	['karni de 'porku]
du veau	carne (f) de vitela	['karni de vi'tɛla]
du mouton	carne (f) de carneiro	['karni de kar'nejru]
du bœuf	carne (f) de vaca	['karni de 'vaka]
lapin (m)	carne (f) de coelho	['karni de ko'eʎu]
saucisson (m)	linguiça (f), salsichão (m)	[lĩ'gwisa], [sawsi'ʃãw]
saucisse (f)	salsicha (f)	[saw'siʃa]
bacon (m)	bacon (m)	['bejkõ]
jambon (m)	presunto (m)	[pre'zũtu]
cuisse (f)	pernil (m) de porco	[per'niw de 'porku]
pâté (m)	patê (m)	[pa'te]
foie (m)	fígado (m)	['figadu]

farce (f)	guisado (m)	[gi'zadu]
langue (f)	língua (f)	['lĩgwa]
œuf (m)	ovo (m)	['ovu]
les œufs	ovos (m pl)	['ɔvus]
blanc (m) d'œuf	clara (f) de ovo	['klara de 'ovu]
jaune (m) d'œuf	gema (f) de ovo	['ʒɛma de 'ovu]
poisson (m)	peixe (m)	['pejʃi]
fruits (m pl) de mer	mariscos (m pl)	[ma'riskus]
crustacés (m pl)	crustáceos (m pl)	[krus'tasjus]
caviar (m)	caviar (m)	[ka'vjar]
crabe (m)	caranguejo (m)	[karã'geʒu]
crevette (f)	camarão (m)	[kama'rãw]
huître (f)	ostra (f)	['ostra]
langoustine (f)	lagosta (f)	[la'gosta]
poulpe (m)	polvo (m)	['powvu]
calamar (m)	lula (f)	['lula]
esturgeon (m)	esturjão (m)	[istur'ʒãw]
saumon (m)	salmão (m)	[saw'mãw]
flétan (m)	halibute (m)	[ali'butʃi]
morue (f)	bacalhau (m)	[baka'ʎaw]
maquereau (m)	cavala, sarda (f)	[ka'vala], ['sarda]
thon (m)	atum (m)	[a'tũ]
anguille (f)	enguia (f)	[ẽ'gia]
truite (f)	truta (f)	['truta]
sardine (f)	sardinha (f)	[sar'dʒiɲa]
brochet (m)	lúcio (m)	['lusju]
hareng (m)	arenque (m)	[a'rẽki]
pain (m)	pão (m)	[pãw]
fromage (m)	queijo (m)	['kejʒu]
sucre (m)	açúcar (m)	[a'sukar]
sel (m)	sal (m)	[saw]
riz (m)	arroz (m)	[a'hoz]
pâtes (m pl)	massas (f pl)	['masas]
nouilles (f pl)	talharim, miojo (m)	[taʎa'rĩ], [mi'oʒu]
beurre (m)	manteiga (f)	[mã'tejga]
huile (f) végétale	óleo (m) vegetal	['ɔlju veʒe'taw]
huile (f) de tournesol	óleo (m) de girassol	['ɔlju de ʒira'sow]
margarine (f)	margarina (f)	[marga'rina]
olives (f pl)	azeitonas (f pl)	[azej'tonas]
huile (f) d'olive	azeite (m)	[a'zejtʃi]
lait (m)	leite (m)	['lejtʃi]
lait (m) condensé	leite (m) condensado	['lejtʃi kõdẽ'sadu]
yogourt (m)	iogurte (m)	[jo'gurtʃi]
crème (f) aigre	creme azedo (m)	['krɛmi a'zedu]
crème (f) (de lait)	creme (m) de leite	['krɛmi de 'lejtʃi]

sauce (f) mayonnaise	maionese (f)	[majo'nɛzi]
crème (f) au beurre	creme (m)	['krɛmi]

gruau (m)	grãos (m pl) de cereais	['grãws de se'rjajs]
farine (f)	farinha (f)	[fa'riɲa]
conserves (f pl)	enlatados (m pl)	[ẽla'tadus]

pétales (m pl) de maïs	flocos (m pl) de milho	['flɔkus de 'miʎu]
miel (m)	mel (m)	[mɛw]
confiture (f)	geleia (m)	[ʒe'lɛja]
gomme (f) à mâcher	chiclete (m)	[ʃi'klɛtʃi]

53. Les boissons

eau (f)	água (f)	['agwa]
eau (f) potable	água (f) potável	['agwa pu'tavɛw]
eau (f) minérale	água (f) mineral	['agwa mine'raw]

plate (adj)	sem gás	[sẽ gajs]
gazeuse (l'eau ~)	gaseificada	[gazejfi'kadu]
pétillante (adj)	com gás	[kõ gajs]
glace (f)	gelo (m)	['ʒelu]
avec de la glace	com gelo	[kõ 'ʒelu]

sans alcool	não alcoólico	[nãw aw'kɔliku]
boisson (f) non alcoolisée	refrigerante (m)	[hefriʒe'rãtʃi]
rafraîchissement (m)	refresco (m)	[he'fresku]
limonade (f)	limonada (f)	[limo'nada]

boissons (f pl) alcoolisées	bebidas (f pl) alcoólicas	[be'bidas aw'kɔlikas]
vin (m)	vinho (m)	['viɲu]
vin (m) blanc	vinho (m) branco	['viɲu 'brãku]
vin (m) rouge	vinho (m) tinto	['viɲu 'tʃĩtu]

liqueur (f)	licor (m)	[li'kor]
champagne (m)	champanhe (m)	[ʃã'paɲi]
vermouth (m)	vermute (m)	[ver'mutʃi]

whisky (m)	uísque (m)	['wiski]
vodka (f)	vodca (f)	['vɔdʒka]
gin (m)	gim (m)	[ʒĩ]
cognac (m)	conhaque (m)	[ko'ɲaki]
rhum (m)	rum (m)	[hũ]

café (m)	café (m)	[ka'fɛ]
café (m) noir	café (m) preto	[ka'fɛ 'pretu]
café (m) au lait	café (m) com leite	[ka'fɛ kõ 'lejtʃi]
cappuccino (m)	cappuccino (m)	[kapu'tʃinu]
café (m) soluble	café (m) solúvel	[ka'fɛ so'luvew]

lait (m)	leite (m)	['lejtʃi]
cocktail (m)	coquetel (m)	[koke'tɛw]
cocktail (m) au lait	batida (f), milkshake (m)	[ba'tʃida], ['milkʃejk]
jus (m)	suco (m)	['suku]

jus (m) de tomate	suco (m) de tomate	['suku de to'matʃi]
jus (m) d'orange	suco (m) de laranja	['suku de la'rãʒa]
jus (m) pressé	suco (m) fresco	['suku 'fresku]
bière (f)	cerveja (f)	[ser'veʒa]
bière (f) blonde	cerveja (f) clara	[ser'veʒa 'klara]
bière (f) brune	cerveja (f) preta	[ser'veʒa 'preta]
thé (m)	chá (m)	[ʃa]
thé (m) noir	chá (m) preto	[ʃa 'pretu]
thé (m) vert	chá (m) verde	[ʃa 'verdʒi]

54. Les légumes

légumes (m pl)	vegetais (m pl)	[veʒe'tajs]
verdure (f)	verdura (f)	[ver'dura]
tomate (f)	tomate (m)	[to'matʃi]
concombre (m)	pepino (m)	[pe'pinu]
carotte (f)	cenoura (f)	[se'nora]
pomme (f) de terre	batata (f)	[ba'tata]
oignon (m)	cebola (f)	[se'bola]
ail (m)	alho (m)	['aʎu]
chou (m)	couve (f)	['kovi]
chou-fleur (m)	couve-flor (f)	['kovi 'flɔr]
chou (m) de Bruxelles	couve-de-bruxelas (f)	['kovi de bru'ʃelas]
brocoli (m)	brócolis (m pl)	['brɔkolis]
betterave (f)	beterraba (f)	[bete'haba]
aubergine (f)	berinjela (f)	[berĩ'ʒɛla]
courgette (f)	abobrinha (f)	[abo'briɲa]
potiron (m)	abóbora (f)	[a'bɔbora]
navet (m)	nabo (m)	['nabu]
persil (m)	salsa (f)	['sawsa]
fenouil (m)	endro, aneto (m)	['ẽdru], [a'netu]
laitue (f) (salade)	alface (f)	[aw'fasi]
céleri (m)	aipo (m)	['ajpu]
asperge (f)	aspargo (m)	[as'pargu]
épinard (m)	espinafre (m)	[ispi'nafri]
pois (m)	ervilha (f)	[er'viʎa]
fèves (f pl)	feijão (m)	[fej'ʒãw]
maïs (m)	milho (m)	['miʎu]
haricot (m)	feijão (m) roxo	[fej'ʒãw 'hoʃu]
poivron (m)	pimentão (m)	[pimẽ'tãw]
radis (m)	rabanete (m)	[haba'netʃi]
artichaut (m)	alcachofra (f)	[awka'ʃofra]

55. Les fruits. Les noix

fruit (m)	**fruta** (f)	['fruta]
pomme (f)	**maçã** (f)	[ma'sã]
poire (f)	**pera** (f)	['pera]
citron (m)	**limão** (m)	[li'mãw]
orange (f)	**laranja** (f)	[la'rãʒa]
fraise (f)	**morango** (m)	[mo'rãgu]
mandarine (f)	**tangerina** (f)	[tãʒe'rina]
prune (f)	**ameixa** (f)	[a'mejʃa]
pêche (f)	**pêssego** (m)	['pesegu]
abricot (m)	**damasco** (m)	[da'masku]
framboise (f)	**framboesa** (f)	[frãbo'eza]
ananas (m)	**abacaxi** (m)	[abaka'ʃi]
banane (f)	**banana** (f)	[ba'nana]
pastèque (f)	**melancia** (f)	[melã'sia]
raisin (m)	**uva** (f)	['uva]
cerise (f)	**ginja** (f)	['ʒĩʒa]
merise (f)	**cereja** (f)	[se'reʒa]
melon (m)	**melão** (m)	[me'lãw]
pamplemousse (m)	**toranja** (f)	[to'rãʒa]
avocat (m)	**abacate** (m)	[aba'katʃi]
papaye (f)	**mamão** (m)	[ma'mãw]
mangue (f)	**manga** (f)	['mãga]
grenade (f)	**romã** (f)	['homa]
groseille (f) rouge	**groselha** (f) **vermelha**	[[gro'zɛʎa ver'meʎa]
cassis (m)	**groselha** (f) **negra**	[gro'zɛʎa 'negra]
groseille (f) verte	**groselha** (f) **espinhosa**	[gro'zɛʎa ispi'ɲoza]
myrtille (f)	**mirtilo** (m)	[mih'tʃilu]
mûre (f)	**amora** (f) **silvestre**	[a'mɔra siw'vɛstri]
raisin (m) sec	**passa** (f)	['pasa]
figue (f)	**figo** (m)	['figu]
datte (f)	**tâmara** (f)	['tamara]
cacahuète (f)	**amendoim** (m)	[amẽdo'ĩ]
amande (f)	**amêndoa** (f)	[a'mẽdwa]
noix (f)	**noz** (f)	[nɔz]
noisette (f)	**avelã** (f)	[ave'lã]
noix (f) de coco	**coco** (m)	['koku]
pistaches (f pl)	**pistaches** (m pl)	[pis'taʃis]

56. Le pain. Les confiseries

confiserie (f)	**pastelaria** (f)	[pastela'ria]
pain (m)	**pão** (m)	[pãw]
biscuit (m)	**biscoito** (m), **bolacha** (f)	[bis'kojtu], [bo'laʃa]
chocolat (m)	**chocolate** (m)	[ʃoko'latʃi]
en chocolat (adj)	**de chocolate**	[de ʃoko'latʃi]

bonbon (m)	bala (f)	['bala]
gâteau (m), pâtisserie (f)	doce (m), bolo (m) pequeno	['dosi], ['bolu pe'kenu]
tarte (f)	bolo (m) de aniversário	['bolu de aniver'sarju]

gâteau (m)	torta (f)	['tɔrta]
garniture (f)	recheio (m)	[he'ʃeju]

confiture (f)	geleia (m)	[ʒe'lɛja]
marmelade (f)	marmelada (f)	[marme'lada]
gaufre (f)	wafers (m pl)	['wafers]
glace (f)	sorvete (m)	[sor'vetʃi]
pudding (m)	pudim (m)	[pu'dʒĩ]

57. Les épices

sel (m)	sal (m)	[saw]
salé (adj)	salgado	[saw'gadu]
saler (vt)	salgar (vt)	[saw'gar]

poivre (m) noir	pimenta-do-reino (f)	[pi'mẽta-du-hejnu]
poivre (m) rouge	pimenta (f) vermelha	[pi'mẽta ver'meʎa]
moutarde (f)	mostarda (f)	[mos'tarda]
raifort (m)	raiz-forte (f)	[ha'iz fortʃi]

condiment (m)	condimento (m)	[kõdʒi'mẽtu]
épice (f)	especiaria (f)	[ispesja'ria]
sauce (f)	molho (m)	['moʎu]
vinaigre (m)	vinagre (m)	[vi'nagri]

anis (m)	anis (m)	[a'nis]
basilic (m)	manjericão (m)	[mãʒeri'kãw]
clou (m) de girofle	cravo (m)	['kravu]
gingembre (m)	gengibre (m)	[ʒẽ'ʒibri]
coriandre (m)	coentro (m)	[ko'ẽtru]
cannelle (f)	canela (f)	[ka'nɛla]

sésame (m)	gergelim (m)	[ʒerʒe'lĩ]
feuille (f) de laurier	folha (f) de louro	['foʎaʃ de 'loru]
paprika (m)	páprica (f)	['paprika]
cumin (m)	cominho (m)	[ko'miɲu]
safran (m)	açafrão (m)	[asa'frãw]

LES DONNÉES PERSONNELLES. LA FAMILLE

58. Les données personnelles. Les formulaires

prénom (m)	nome (m)	['nɔmi]
nom (m) de famille	sobrenome (m)	[sobri'nɔmi]
date (f) de naissance	data (f) de nascimento	['data de nasi'mẽtu]
lieu (m) de naissance	local (m) de nascimento	[lo'kaw de nasi'mẽtu]
nationalité (f)	nacionalidade (f)	[nasjonali'dadʒi]
domicile (m)	lugar (m) de residência	[lu'gar de hezi'dẽsja]
pays (m)	país (m)	[pa'jis]
profession (f)	profissão (f)	[profi'sãw]
sexe (m)	sexo (m)	['sɛksu]
taille (f)	estatura (f)	[ista'tura]
poids (m)	peso (m)	['pezu]

59. La famille. Les liens de parenté

mère (f)	mãe (f)	[mãj]
père (m)	pai (m)	[paj]
fils (m)	filho (m)	['fiʎu]
fille (f)	filha (f)	['fiʎa]
fille (f) cadette	caçula (f)	[ka'sula]
fils (m) cadet	caçula (m)	[ka'sula]
fille (f) aînée	filha (f) mais velha	['fiʎa majs 'vɛʎa]
fils (m) aîné	filho (m) mais velho	['fiʎu majs 'vɛʎu]
frère (m)	irmão (m)	[ir'mãw]
frère (m) aîné	irmão (m) mais velho	[ir'mãw majs 'vɛʎu]
frère (m) cadet	irmão (m) mais novo	[ir'mãw majs 'novu]
sœur (f)	irmã (f)	[ir'mã]
sœur (f) aînée	irmã (f) mais velha	[ir'mã majs 'vɛʎa]
sœur (f) cadette	irmã (f) mais nova	[ir'mã majs 'nɔva]
cousin (m)	primo (m)	['primu]
cousine (f)	prima (f)	['prima]
maman (f)	mamãe (f)	[ma'mãj]
papa (m)	papai (m)	[pa'paj]
parents (m pl)	pais (pl)	['pajs]
enfant (m, f)	criança (f)	['krjãsa]
enfants (pl)	crianças (f pl)	['krjãsas]
grand-mère (f)	avó (f)	[a'vo]
grand-père (m)	avô (m)	[a'vɔ]
petit-fils (m)	neto (m)	['nɛtu]

| petite-fille (f) | neta (f) | ['nɛta] |
| petits-enfants (pl) | netos (pl) | ['nɛtus] |

oncle (m)	tio (m)	['tʃiu]
tante (f)	tia (f)	['tʃia]
neveu (m)	sobrinho (m)	[so'briɲu]
nièce (f)	sobrinha (f)	[so'briɲa]

belle-mère (f)	sogra (f)	['sɔgra]
beau-père (m)	sogro (m)	['sogru]
gendre (m)	genro (m)	['ʒẽhu]
belle-mère (f)	madrasta (f)	[ma'drasta]
beau-père (m)	padrasto (m)	[pa'drastu]

nourrisson (m)	criança (f) de colo	['krjãsa de 'kɔlu]
bébé (m)	bebê (m)	[be'be]
petit (m)	menino (m)	[me'ninu]

femme (f)	mulher (f)	[mu'ʎer]
mari (m)	marido (m)	[ma'ridu]
époux (m)	esposo (m)	[is'pozu]
épouse (f)	esposa (f)	[is'poza]

marié (adj)	casado	[ka'zadu]
mariée (adj)	casada	[ka'zada]
célibataire (adj)	solteiro	[sow'tejru]
célibataire (m)	solteirão (m)	[sowtej'rãw]
divorcé (adj)	divorciado	[dʒivor'sjadu]
veuve (f)	viúva (f)	['vjuva]
veuf (m)	viúvo (m)	['vjuvu]

parent (m)	parente (m)	[pa'rẽtʃi]
parent (m) proche	parente (m) próximo	[pa'rẽtʃi 'prɔsimu]
parent (m) éloigné	parente (m) distante	[pa'rẽtʃi dʒis'tãtʃi]
parents (m pl)	parentes (m pl)	[pa'rẽtʃis]

orphelin (m)	órfão (m)	['ɔrfãw]
orpheline (f)	órfã (f)	['ɔrfã]
tuteur (m)	tutor (m)	[tu'tor]
adopter (un garçon)	adotar (vt)	[ado'tar]
adopter (une fille)	adotar (vt)	[ado'tar]

60. Les amis. Les collègues

ami (m)	amigo (m)	[a'migu]
amie (f)	amiga (f)	[a'miga]
amitié (f)	amizade (f)	[ami'zadʒi]
être ami	ser amigos	[ser a'migus]

copain (m)	amigo (m)	[a'migu]
copine (f)	amiga (f)	[a'miga]
partenaire (m)	parceiro (m)	[par'sejru]
chef (m)	chefe (m)	['ʃɛfi]
supérieur (m)	superior (m)	[supe'rjor]

propriétaire (m)	proprietário (m)	[proprje'tarju]
subordonné (m)	subordinado (m)	[subordʒi'nadu]
collègue (m, f)	colega (m, f)	[ko'lɛga]

connaissance (f)	conhecido (m)	[koɲe'sidu]
compagnon (m) de route	companheiro (m) de viagem	[kõpa'ɲejru de 'vjaʒẽ]
copain (m) de classe	colega (m) de classe	[ko'lɛga de 'klasi]

voisin (m)	vizinho (m)	[vi'ziɲu]
voisine (f)	vizinha (f)	[vi'ziɲa]
voisins (m pl)	vizinhos (pl)	[vi'ziɲus]

LE CORPS HUMAIN. LES MÉDICAMENTS

61. La tête

tête (f)	cabeça (f)	[ka'besa]
visage (m)	rosto, cara (f)	['hostu], ['kara]
nez (m)	nariz (m)	[na'riz]
bouche (f)	boca (f)	['boka]
œil (m)	olho (m)	['oʎu]
les yeux	olhos (m pl)	['oʎus]
pupille (f)	pupila (f)	[pu'pila]
sourcil (m)	sobrancelha (f)	[sobrã'seʎa]
cil (m)	cílio (f)	['silju]
paupière (f)	pálpebra (f)	['pawpebra]
langue (f)	língua (f)	['lĩgwa]
dent (f)	dente (m)	['dẽtʃi]
lèvres (f pl)	lábios (m pl)	['labjus]
pommettes (f pl)	maçãs (f pl) do rosto	[ma'sãs du 'hostu]
gencive (f)	gengiva (f)	[ʒẽ'ʒiva]
palais (m)	palato (m)	[pa'latu]
narines (f pl)	narinas (f pl)	[na'rinas]
menton (m)	queixo (m)	['kejʃu]
mâchoire (f)	mandíbula (f)	[mã'dʒibula]
joue (f)	bochecha (f)	[bo'ʃeʃa]
front (m)	testa (f)	['tɛsta]
tempe (f)	têmpora (f)	['tẽpora]
oreille (f)	orelha (f)	[o'reʎa]
nuque (f)	costas (f pl) da cabeça	['kɔstas da ka'besa]
cou (m)	pescoço (m)	[pes'kosu]
gorge (f)	garganta (f)	[gar'gãta]
cheveux (m pl)	cabelo (m)	[ka'belu]
coiffure (f)	penteado (m)	[pẽ'tʃjadu]
coupe (f)	corte (m) de cabelo	['kɔrtʃi de ka'belu]
perruque (f)	peruca (f)	[pe'ruka]
moustache (f)	bigode (m)	[bi'gɔdʒi]
barbe (f)	barba (f)	['barba]
porter (~ la barbe)	ter (vt)	[ter]
tresse (f)	trança (f)	['trãsa]
favoris (m pl)	suíças (f pl)	['swisas]
roux (adj)	ruivo	['hwivu]
gris, grisonnant (adj)	grisalho	[gri'zaʎu]
chauve (adj)	careca	[ka'rɛka]
calvitie (f)	calva (f)	['kawvu]

queue (f) de cheval	**rabo-de-cavalo** (m)	['habu-de-ka'valu]
frange (f)	**franja** (f)	['frãʒa]

62. Le corps humain

main (f)	**mão** (f)	[mãw]
bras (m)	**braço** (m)	['brasu]

doigt (m)	**dedo** (m)	['dedu]
orteil (m)	**dedo** (m) **do pé**	['dedu du pɛ]
pouce (m)	**polegar** (m)	[pole'gar]
petit doigt (m)	**dedo** (m) **mindinho**	['dedu mĩ'dʒiɲu]
ongle (m)	**unha** (f)	['uɲa]

poing (m)	**punho** (m)	['puɲu]
paume (f)	**palma** (f)	['pawma]
poignet (m)	**pulso** (m)	['puwsu]
avant-bras (m)	**antebraço** (m)	[ãtʃi'brasu]
coude (m)	**cotovelo** (m)	[koto'velu]
épaule (f)	**ombro** (m)	['õbru]

jambe (f)	**perna** (f)	['pɛrna]
pied (m)	**pé** (m)	[pɛ]
genou (m)	**joelho** (m)	[ʒo'eʎu]
mollet (m)	**panturrilha** (f)	[pãtu'hiʎa]
hanche (f)	**quadril** (m)	[kwa'driw]
talon (m)	**calcanhar** (m)	[kawka'ɲar]

corps (m)	**corpo** (m)	['korpu]
ventre (m)	**barriga** (f), **ventre** (m)	[ba'higa], ['vẽtri]
poitrine (f)	**peito** (m)	['pejtu]
sein (m)	**seio** (m)	['seju]
côté (m)	**lado** (m)	['ladu]
dos (m)	**costas** (f pl)	['kɔstas]
reins (région lombaire)	**região** (f) **lombar**	[he'ʒjãw lõ'bar]
taille (f) (~ de guêpe)	**cintura** (f)	[sĩ'tura]

nombril (m)	**umbigo** (m)	[ũ'bigu]
fesses (f pl)	**nádegas** (f pl)	['nadegas]
derrière (m)	**traseiro** (m)	[tra'zejru]

grain (m) de beauté	**sinal** (m), **pinta** (f)	[si'naw], ['pĩta]
tache (f) de vin	**sinal** (m) **de nascença**	[si'naw de na'sẽsa]
tatouage (m)	**tatuagem** (f)	[ta'twaʒẽ]
cicatrice (f)	**cicatriz** (f)	[sika'triz]

63. Les maladies

maladie (f)	**doença** (f)	[do'ẽsa]
être malade	**estar doente**	[is'tar do'ẽtʃi]
santé (f)	**saúde** (f)	[sa'udʒi]
rhume (m) (coryza)	**nariz** (m) **escorrendo**	[na'riz isko'hẽdu]

angine (f)	amigdalite (f)	[amigda'litʃi]
refroidissement (m)	resfriado (m)	[hes'frjadu]
prendre froid	ficar resfriado	[fi'kar hes'frjadu]

bronchite (f)	bronquite (f)	[brõ'kitʃi]
pneumonie (f)	pneumonia (f)	[pnewmo'nia]
grippe (f)	gripe (f)	['gripi]

myope (adj)	míope	['miopi]
presbyte (adj)	presbita	[pres'bita]
strabisme (m)	estrabismo (m)	[istra'bizmu]
strabique (adj)	estrábico, vesgo	[is'trabiku], ['vezgu]
cataracte (f)	catarata (f)	[kata'rata]
glaucome (m)	glaucoma (m)	[glaw'koma]

insulte (f)	AVC (m), apoplexia (f)	[ave'se], [apople'ksia]
crise (f) cardiaque	ataque (m) cardíaco	[a'taki kar'dʒiaku]
infarctus (m) de myocarde	enfarte (m) do miocárdio	[ẽ'fartʃi du mjo'kardʒiu]
paralysie (f)	paralisia (f)	[parali'zia]
paralyser (vt)	paralisar (vt)	[parali'zar]

allergie (f)	alergia (f)	[aler'ʒia]
asthme (m)	asma (f)	['azma]
diabète (m)	diabetes (f)	[dʒja'bɛtʃis]

mal (m) de dents	dor (f) de dente	[dor de 'dẽtʃi]
carie (f)	cárie (f)	['kari]

diarrhée (f)	diarreia (f)	[dʒja'hɛja]
constipation (f)	prisão (f) de ventre	[pri'zãw de 'vẽtri]
estomac (m) barbouillé	desarranjo (m) intestinal	[dʒiza'hãʒu ĩtestʃi'naw]
intoxication (f) alimentaire	intoxicação (f) alimentar	[ĩtoksika'sãw alimẽ'tar]
être intoxiqué	intoxicar-se	[ĩtoksi'karsi]

arthrite (f)	artrite (f)	[ar'tritʃi]
rachitisme (m)	raquitismo (m)	[haki'tʃizmu]
rhumatisme (m)	reumatismo (m)	[hewma'tʃizmu]
athérosclérose (f)	arteriosclerose (f)	[arterjoskle'rɔzi]

gastrite (f)	gastrite (f)	[gas'tritʃi]
appendicite (f)	apendicite (f)	[apẽdʒi'sitʃi]
cholécystite (f)	colecistite (f)	[kulesi'stʃitʃi]
ulcère (m)	úlcera (f)	['uwsera]

rougeole (f)	sarampo (m)	[sa'rãpu]
rubéole (f)	rubéola (f)	[hu'bɛola]
jaunisse (f)	icterícia (f)	[ikte'risja]
hépatite (f)	hepatite (f)	[epa'tʃitʃi]

schizophrénie (f)	esquizofrenia (f)	[iskizofre'nia]
rage (f) (hydrophobie)	raiva (f)	['hajva]
névrose (f)	neurose (f)	[new'rɔzi]
commotion (f) cérébrale	contusão (f) cerebral	[kõtu'zãw sere'braw]

cancer (m)	câncer (m)	['kãser]
sclérose (f)	esclerose (f)	[iskle'rɔzi]

sclérose (f) en plaques	esclerose (f) **múltipla**	[iskle'rozi 'muwtʃipla]
alcoolisme (m)	**alcoolismo** (m)	[awko'lizmu]
alcoolique (m)	**alcoólico** (m)	[aw'kɔliku]
syphilis (f)	**sífilis** (f)	['sifilis]
SIDA (m)	**AIDS** (f)	['ajdʒs]

tumeur (f)	**tumor** (m)	[tu'mor]
maligne (adj)	**maligno**	[ma'lignu]
bénigne (adj)	**benigno**	[be'nignu]

fièvre (f)	**febre** (f)	['fɛbri]
malaria (f)	**malária** (f)	[ma'larja]
gangrène (f)	**gangrena** (f)	[gã'grena]
mal (m) de mer	**enjoo** (m)	[ẽ'ʒou]
épilepsie (f)	**epilepsia** (f)	[epile'psia]

épidémie (f)	**epidemia** (f)	[epide'mia]
typhus (m)	**tifo** (m)	['tʃifu]
tuberculose (f)	**tuberculose** (f)	[tuberku'lozi]
choléra (m)	**cólera** (f)	['kɔlera]
peste (f)	**peste** (f) **bubônica**	['pɛstʃi bu'bonika]

64. Les symptômes. Le traitement. Partie 1

symptôme (m)	**sintoma** (m)	[sĩ'toma]
température (f)	**temperatura** (f)	[tẽpera'tura]
fièvre (f)	**febre** (f)	['fɛbri]
pouls (m)	**pulso** (m)	['puwsu]

vertige (m)	**vertigem** (f)	[ver'tʃiʒẽ]
chaud (adj)	**quente**	['kẽtʃi]
frisson (m)	**calafrio** (m)	[kala'friu]
pâle (adj)	**pálido**	['palidu]

toux (f)	**tosse** (f)	['tɔsi]
tousser (vi)	**tossir** (vi)	[to'sir]
éternuer (vi)	**espirrar** (vi)	[ispi'har]
évanouissement (m)	**desmaio** (m)	[dʒiz'maju]
s'évanouir (vp)	**desmaiar** (vi)	[dʒizma'jar]

bleu (m)	**mancha** (f) **preta**	['mãʃa 'preta]
bosse (f)	**galo** (m)	['galu]
se heurter (vp)	**machucar-se** (vr)	[maʃu'karsi]
meurtrissure (f)	**contusão** (f)	[kõtu'zãw]
se faire mal	**machucar-se** (vr)	[maʃu'karsi]

boiter (vi)	**mancar** (vi)	[mã'kar]
foulure (f)	**deslocamento** (f)	[dʒizloka'mẽtu]
se démettre (l'épaule, etc.)	**deslocar** (vt)	[dʒizlo'kar]
fracture (f)	**fratura** (f)	[fra'tura]
avoir une fracture	**fraturar** (vt)	[fratu'rar]

coupure (f)	**corte** (m)	['kɔrtʃi]
se couper (~ le doigt)	**cortar-se** (vr)	[kor'tarsi]

hémorragie (f)	hemorragia (f)	[emoha'ʒia]
brûlure (f)	queimadura (f)	[kejma'dura]
se brûler (vp)	queimar-se (vr)	[kej'marsi]

se piquer (le doigt)	picar (vt)	[pi'kar]
se piquer (vp)	picar-se (vr)	[pi'karsi]
blesser (vt)	lesionar (vt)	[lezjo'nar]
blessure (f)	lesão (m)	[le'zãw]
plaie (f) (blessure)	ferida (f), ferimento (m)	[fe'rida], [feri'mẽtu]
trauma (m)	trauma (m)	['trawma]

délirer (vi)	delirar (vi)	[deli'rar]
bégayer (vi)	gaguejar (vi)	[gage'ʒar]
insolation (f)	insolação (f)	[insola'sãw]

65. Les symptômes. Le traitement. Partie 2

| douleur (f) | dor (f) | [dor] |
| écharde (f) | farpa (f) | ['farpa] |

sueur (f)	suor (m)	[swɔr]
suer (vi)	suar (vi)	[swar]
vomissement (m)	vômito (m)	['vomitu]
spasmes (m pl)	convulsões (f pl)	[kõvuw'sõjs]

enceinte (adj)	grávida	['gravida]
naître (vi)	nascer (vi)	[na'ser]
accouchement (m)	parto (m)	['partu]
accoucher (vi)	dar à luz	[dar a luz]
avortement (m)	aborto (m)	[a'bortu]

respiration (f)	respiração (f)	[hespira'sãw]
inhalation (f)	inspiração (f)	[ĩspira'sãw]
expiration (f)	expiração (f)	[ispira'sãw]
expirer (vi)	expirar (vi)	[ispi'rar]
inspirer (vi)	inspirar (vi)	[ĩspi'rar]

invalide (m)	inválido (m)	[ĩ'validu]
handicapé (m)	aleijado (m)	[alej'ʒadu]
drogué (m)	drogado (m)	[dro'gadu]

sourd (adj)	surdo	['surdu]
muet (adj)	mudo	['mudu]
sourd-muet (adj)	surdo-mudo	['surdu-'mudu]

fou (adj)	louco, insano	['loku], [ĩ'sanu]
fou (m)	louco (m)	['loku]
folle (f)	louca (f)	['loka]
devenir fou	ficar louco	[fi'kar 'loku]

gène (m)	gene (m)	['ʒɛni]
immunité (f)	imunidade (f)	[imuni'dadʒi]
héréditaire (adj)	hereditário	[eredʒi'tarju]
congénital (adj)	congênito	[kõ'ʒenitu]

virus (m)	**vírus** (m)	['virus]
microbe (m)	**micróbio** (m)	[mi'krɔbju]
bactérie (f)	**bactéria** (f)	[bak'tɛrja]
infection (f)	**infecção** (f)	[ĩfek'sãw]

66. Les symptômes. Le traitement. Partie 3

hôpital (m)	**hospital** (m)	[ospi'taw]
patient (m)	**paciente** (m)	[pa'sjẽtʃi]
diagnostic (m)	**diagnóstico** (m)	[dʒjag'nɔstʃiku]
cure (f) (faire une ~)	**cura** (f)	['kura]
traitement (m)	**tratamento** (m) **médico**	[trata'mẽtu 'mɛdʒiku]
se faire soigner	**curar-se** (vr)	[ku'rarsi]
traiter (un patient)	**tratar** (vt)	[tra'tar]
soigner (un malade)	**cuidar** (vt)	[kwi'dar]
soins (m pl)	**cuidado** (m)	[kwi'dadu]
opération (f)	**operação** (f)	[opera'sãw]
panser (vt)	**enfaixar** (vt)	[ẽfaj'ʃar]
pansement (m)	**enfaixamento** (m)	[bã'daʒãj]
vaccination (f)	**vacinação** (f)	[vasina'sãw]
vacciner (vt)	**vacinar** (vt)	[vasi'nar]
piqûre (f)	**injeção** (f)	[inʒe'sãw]
faire une piqûre	**dar uma injeção**	[dar 'uma inʒe'sãw]
crise, attaque (f)	**ataque** (m)	[a'taki]
amputation (f)	**amputação** (f)	[ãputa'sãw]
amputer (vt)	**amputar** (vt)	[ãpu'tar]
coma (m)	**coma** (f)	['kɔma]
être dans le coma	**estar em coma**	[is'tar ẽ 'kɔma]
réanimation (f)	**reanimação** (f)	[hianima'sãw]
se rétablir (vp)	**recuperar-se** (vr)	[hekupe'rarsi]
état (m) (de santé)	**estado** (m)	[i'stadu]
conscience (f)	**consciência** (f)	[kõ'sjẽsja]
mémoire (f)	**memória** (f)	[me'mɔrja]
arracher (une dent)	**tirar** (vt)	[tʃi'rar]
plombage (m)	**obturação** (f)	[obitura'sãw]
plomber (vt)	**obturar** (vt)	[obitu'rar]
hypnose (f)	**hipnose** (f)	[ip'nɔzi]
hypnotiser (vt)	**hipnotizar** (vt)	[ipnotʃi'zar]

67. Les médicaments. Les accessoires

médicament (m)	**medicamento** (m)	[medʒika'mẽtu]
remède (m)	**remédio** (m)	[he'mɛdʒju]
prescrire (vt)	**receitar** (vt)	[hesej'tar]
ordonnance (f)	**receita** (f)	[he'sejta]

comprimé (m)	**comprimido** (m)	[kõpri'midu]
onguent (m)	**unguento** (m)	[ũ'gwẽtu]
ampoule (f)	**ampola** (f)	[ã'pɔla]
mixture (f)	**solução, preparado** (m)	[solu'sãw], [prepa'radu]
sirop (m)	**xarope** (m)	[ʃa'rɔpi]
pilule (f)	**cápsula** (f)	['kapsula]
poudre (f)	**pó** (m)	[pɔ]
bande (f)	**atadura** (f)	[ata'dura]
coton (m) (ouate)	**algodão** (m)	[awgo'dãw]
iode (m)	**iodo** (m)	['jodu]
sparadrap (m)	**curativo** (m) **adesivo**	[kura'tivu ade'zivu]
compte-gouttes (m)	**conta-gotas** (m)	['kõta 'gotas]
thermomètre (m)	**termômetro** (m)	[ter'mometru]
seringue (f)	**seringa** (f)	[se'rĩga]
fauteuil (m) roulant	**cadeira** (f) **de rodas**	[ka'dejra de 'hɔdas]
béquilles (f pl)	**muletas** (f pl)	[mu'letas]
anesthésique (m)	**analgésico** (m)	[anaw'ʒɛziku]
purgatif (m)	**laxante** (m)	[la'ʃãtʃi]
alcool (m)	**álcool** (m)	['awkɔw]
herbe (f) médicinale	**ervas** (f pl) **medicinais**	['ɛrvas medʒisi'najs]
d'herbes (adj)	**de ervas**	[de 'ɛrvas]

L'APPARTEMENT

68. L'appartement

appartement (m)	apartamento (m)	[aparta'mẽtu]
chambre (f)	quarto, cômodo (m)	['kwartu], ['komodu]
chambre (f) à coucher	quarto (m) de dormir	['kwartu de dor'mir]
salle (f) à manger	sala (f) de jantar	['sala de ʒã'tar]
salon (m)	sala (f) de estar	['sala de is'tar]
bureau (m)	escritório (m)	[iskri'tɔrju]
antichambre (f)	sala (f) de entrada	['sala de ẽ'trada]
salle (f) de bains	banheiro (m)	[ba'ɲejru]
toilettes (f pl)	lavabo (m)	[la'vabu]
plafond (m)	teto (m)	['tɛtu]
plancher (m)	chão, piso (m)	['ʃãw], ['pizu]
coin (m)	canto (m)	['kãtu]

69. Les meubles. L'intérieur

meubles (m pl)	mobiliário (m)	[mobi'ljarju]
table (f)	mesa (f)	['meza]
chaise (f)	cadeira (f)	[ka'dejra]
lit (m)	cama (f)	['kama]
canapé (m)	sofá, divã (m)	[so'fa], [dʒi'vã]
fauteuil (m)	poltrona (f)	[pow'trona]
bibliothèque (f) (meuble)	estante (f)	[is'tãtʃi]
rayon (m)	prateleira (f)	[prate'lejra]
armoire (f)	guarda-roupas (m)	['gwarda 'hopa]
patère (f)	cabide (m) de parede	[ka'bidʒi de pa'redʒi]
portemanteau (m)	cabideiro (m) de pé	[kabi'dejru de pɛ]
commode (f)	cômoda (f)	['komoda]
table (f) basse	mesinha (f) de centro	[me'ziɲa de 'sẽtru]
miroir (m)	espelho (m)	[is'peʎu]
tapis (m)	tapete (m)	[ta'petʃi]
petit tapis (m)	tapete (m)	[ta'petʃi]
cheminée (f)	lareira (f)	[la'rejra]
bougie (f)	vela (f)	['vɛla]
chandelier (m)	castiçal (m)	[kastʃi'saw]
rideaux (m pl)	cortinas (f pl)	[kor'tʃinas]
papier (m) peint	papel (m) de parede	[pa'pɛw de pa'redʒi]

jalousie (f)	**persianas** (f pl)	[per'sjanas]
lampe (f) de table	**luminária** (f) **de mesa**	[lumi'narja de 'meza]
applique (f)	**luminária** (f) **de parede**	[lumi'narja de pa'redʒi]
lampadaire (m)	**abajur** (m) **de pé**	[aba'ʒur de 'pɛ]
lustre (m)	**lustre** (m)	['lustri]
pied (m) (~ de la table)	**pé** (m)	[pɛ]
accoudoir (m)	**braço, descanso** (m)	['brasu], [dʒis'kãsu]
dossier (m)	**costas** (f pl)	['kɔstas]
tiroir (m)	**gaveta** (f)	[ga'veta]

70. La literie

linge (m) de lit	**roupa** (f) **de cama**	['hopa de 'kama]
oreiller (m)	**travesseiro** (m)	[trave'sejru]
taie (f) d'oreiller	**fronha** (f)	['froɲa]
couverture (f)	**cobertor** (m)	[kuber'tor]
drap (m)	**lençol** (m)	[lë'sɔw]
couvre-lit (m)	**colcha** (f)	['kowʃa]

71. La cuisine

cuisine (f)	**cozinha** (f)	[ko'ziɲa]
gaz (m)	**gás** (m)	[gajs]
cuisinière (f) à gaz	**fogão** (m) **a gás**	[fo'gãw a gajs]
cuisinière (f) électrique	**fogão** (m) **elétrico**	[fo'gãw e'lɛtriku]
four (m)	**forno** (m)	['fornu]
four (m) micro-ondes	**forno** (m) **de micro-ondas**	['fornu de mikro'õdas]
réfrigérateur (m)	**geladeira** (f)	[ʒela'dejra]
congélateur (m)	**congelador** (m)	[kõʒela'dor]
lave-vaisselle (m)	**máquina** (f) **de lavar louça**	['makina de la'var 'losa]
hachoir (m) à viande	**moedor** (m) **de carne**	[moe'dor de 'karni]
centrifugeuse (f)	**espremedor** (m)	[ispreme'dor]
grille-pain (m)	**torradeira** (f)	[toha'dejra]
batteur (m)	**batedeira** (f)	[bate'dejra]
machine (f) à café	**máquina** (f) **de café**	['makina de ka'fɛ]
cafetière (f)	**cafeteira** (f)	[kafe'tejra]
moulin (m) à café	**moedor** (m) **de café**	[moe'dor de ka'fɛ]
bouilloire (f)	**chaleira** (f)	[ʃa'lejra]
théière (f)	**bule** (m)	['buli]
couvercle (m)	**tampa** (f)	['tãpa]
passoire (f) à thé	**coador** (m) **de chá**	[koa'dor de ʃa]
cuillère (f)	**colher** (f)	[ko'ʎer]
petite cuillère (f)	**colher** (f) **de chá**	[ko'ʎer de ʃa]
cuillère (f) à soupe	**colher** (f) **de sopa**	[ko'ʎer de 'sopa]
fourchette (f)	**garfo** (m)	['garfu]
couteau (m)	**faca** (f)	['faka]

vaisselle (f)	louça (f)	['losa]
assiette (f)	prato (m)	['pratu]
soucoupe (f)	pires (m)	['piris]
verre (m) à shot	cálice (m)	['kalisi]
verre (m) (~ d'eau)	copo (m)	['kɔpu]
tasse (f)	xícara (f)	['ʃikara]
sucrier (m)	açucareiro (m)	[asuka'rejru]
salière (f)	saleiro (m)	[sa'lejru]
poivrière (f)	pimenteiro (m)	[pimẽ'tejru]
beurrier (m)	manteigueira (f)	[mãtej'gejra]
casserole (f)	panela (f)	[pa'nɛla]
poêle (f)	frigideira (f)	[friʒi'dejra]
louche (f)	concha (f)	['kõʃa]
passoire (f)	coador (m)	[koa'dor]
plateau (m)	bandeja (f)	[bã'deʒa]
bouteille (f)	garrafa (f)	[ga'hafa]
bocal (m) (à conserves)	pote (m) de vidro	['potʃi de 'vidru]
boîte (f) en fer-blanc	lata (f)	['lata]
ouvre-bouteille (m)	abridor (m) de garrafa	[abri'dor de ga'hafa]
ouvre-boîte (m)	abridor (m) de latas	[abri'dor de 'latas]
tire-bouchon (m)	saca-rolhas (m)	['saka-'hoʎas]
filtre (m)	filtro (m)	['fiwtru]
filtrer (vt)	filtrar (vt)	[fiw'trar]
ordures (f pl)	lixo (m)	['liʃu]
poubelle (f)	lixeira (f)	[li'ʃejra]

72. La salle de bains

salle (f) de bains	banheiro (m)	[ba'ɲejru]
eau (f)	água (f)	['agwa]
robinet (m)	torneira (f)	[tor'nejra]
eau (f) chaude	água (f) quente	['agwa 'kẽtʃi]
eau (f) froide	água (f) fria	['agwa 'fria]
dentifrice (m)	pasta (f) de dente	['pasta de 'dẽtʃi]
se brosser les dents	escovar os dentes	[isko'var us 'dẽtʃis]
brosse (f) à dents	escova (f) de dente	[is'kova de 'dẽtʃi]
se raser (vp)	barbear-se (vr)	[bar'bjarsi]
mousse (f) à raser	espuma (f) de barbear	[is'puma de bar'bjar]
rasoir (m)	gilete (f)	[ʒi'lɛtʃi]
laver (vt)	lavar (vt)	[la'var]
se laver (vp)	tomar banho	[to'mar baɲu]
douche (f)	chuveiro (m), ducha (f)	[ʃu'vejru], ['duʃa]
prendre une douche	tomar uma ducha	[to'mar 'uma 'duʃa]
baignoire (f)	banheira (f)	[ba'ɲejra]
cuvette (f)	vaso (m) sanitário	['vazu sani'tarju]

lavabo (m)	pia (f)	['pia]
savon (m)	sabonete (m)	[sabo'netʃi]
porte-savon (m)	saboneteira (f)	[sabone'tejra]

éponge (f)	esponja (f)	[is'põʒa]
shampooing (m)	xampu (m)	[ʃã'pu]
serviette (f)	toalha (f)	[to'aʎa]
peignoir (m) de bain	roupão (m) de banho	[ho'pãw de 'baɲu]

lessive (f) (faire la ~)	lavagem (f)	[la'vaʒẽ]
machine (f) à laver	lavadora (f) de roupas	[lava'dora de 'hopas]
faire la lessive	lavar a roupa	[la'var a 'hopa]
lessive (f) (poudre)	detergente (m)	[deter'ʒẽtʃi]

73. Les appareils électroménagers

téléviseur (m)	televisor (m)	[televi'zor]
magnétophone (m)	gravador (m)	[grava'dor]
magnétoscope (m)	videogravador (m)	['vidʒju·grava'dor]
radio (f)	rádio (m)	['hadʒju]
lecteur (m)	leitor (m)	[lej'tor]

vidéoprojecteur (m)	projetor (m)	[proʒe'tor]
home cinéma (m)	cinema (m) em casa	[si'nɛma ẽ 'kaza]
lecteur DVD (m)	DVD Player (m)	[deve'de 'plejer]
amplificateur (m)	amplificador (m)	[ãplifika'dor]
console (f) de jeux	console (f) de jogos	[kõ'sɔli de 'ʒogus]

caméscope (m)	câmera (f) de vídeo	['kamera de 'vidʒju]
appareil (m) photo	máquina (f) fotográfica	['makina foto'grafika]
appareil (m) photo numérique	câmera (f) digital	['kamera dʒiʒi'taw]

aspirateur (m)	aspirador (m)	[aspira'dor]
fer (m) à repasser	ferro (m) de passar	['fɛhu de pa'sar]
planche (f) à repasser	tábua (f) de passar	['tabwa de pa'sar]

téléphone (m)	telefone (m)	[tele'foni]
portable (m)	celular (m)	[selu'lar]
machine (f) à écrire	máquina (f) de escrever	['makina de iskre'ver]
machine (f) à coudre	máquina (f) de costura	['makina de kos'tura]

micro (m)	microfone (m)	[mikro'foni]
écouteurs (m pl)	fone (m) de ouvido	['foni de o'vidu]
télécommande (f)	controle remoto (m)	[kõ'troli he'mɔtu]

CD (m)	CD (m)	['sede]
cassette (f)	fita (f) cassete	['fita ka'sɛtʃi]
disque (m) (vinyle)	disco (m) de vinil	['dʒisku de vi'niw]

LA TERRE. LE TEMPS

74. L'espace cosmique

cosmos (m)	espaço, cosmo (m)	[is'pasu], ['kɔzmu]
cosmique (adj)	espacial, cósmico	[ispa'sjaw], ['kɔzmiku]
espace (m) cosmique	espaço (m) cósmico	[is'pasu 'kɔzmiku]
monde (m)	mundo (m)	['mũdu]
univers (m)	universo (m)	[uni'vɛrsu]
galaxie (f)	galáxia (f)	[ga'laksja]
étoile (f)	estrela (f)	[is'trela]
constellation (f)	constelação (f)	[kõstela'sãw]
planète (f)	planeta (m)	[pla'neta]
satellite (m)	satélite (m)	[sa'tɛlitʃi]
météorite (m)	meteorito (m)	[meteo'ritu]
comète (f)	cometa (m)	[ko'meta]
astéroïde (m)	asteroide (m)	[aste'rɔjdʒi]
orbite (f)	órbita (f)	['ɔrbita]
tourner (vi)	girar (vi)	[ʒi'rar]
atmosphère (f)	atmosfera (f)	[atmos'fɛra]
Soleil (m)	Sol (m)	[sɔw]
système (m) solaire	Sistema (m) Solar	[sis'tɛma so'lar]
éclipse (f) de soleil	eclipse (m) solar	[e'klipsi so'lar]
Terre (f)	Terra (f)	['tɛha]
Lune (f)	Lua (f)	['lua]
Mars (m)	Marte (m)	['martʃi]
Vénus (f)	Vênus (f)	['venus]
Jupiter (m)	Júpiter (m)	['ʒupiter]
Saturne (m)	Saturno (m)	[sa'turnu]
Mercure (m)	Mercúrio (m)	[mer'kurju]
Uranus (m)	Urano (m)	[u'ránu]
Neptune	Netuno (m)	[ne'tunu]
Pluton (m)	Plutão (m)	[plu'tãw]
la Voie Lactée	Via Láctea (f)	['via 'laktja]
la Grande Ours	Ursa Maior (f)	[ursa ma'jɔr]
la Polaire	Estrela Polar (f)	[is'trela po'lar]
martien (m)	marciano (m)	[mar'sjanu]
extraterrestre (m)	extraterrestre (m)	[estrate'hɛstri]
alien (m)	alienígena (m)	[alje'niʒena]

soucoupe (f) volante	disco (m) voador	['dʒisku vwa'dor]
vaisseau (m) spatial	nave (f) espacial	['navi ispa'sjaw]
station (f) orbitale	estação (f) orbital	[eʃta'sãw orbi'taw]
lancement (m)	lançamento (m)	[lãsa'mẽtu]
moteur (m)	motor (m)	[mo'tor]
tuyère (f)	bocal (m)	[bo'kaw]
carburant (m)	combustível (m)	[kõbus'tʃivew]
cabine (f)	cabine (f)	[ka'bini]
antenne (f)	antena (f)	[ã'tɛna]
hublot (m)	vigia (f)	[vi'ʒia]
batterie (f) solaire	bateria (f) solar	[bate'ria so'lar]
scaphandre (m)	traje (m) espacial	['traʒi ispa'sjaw]
apesanteur (f)	imponderabilidade (f)	[ĩpõderabili'dadʒi]
oxygène (m)	oxigênio (m)	[oksi'ʒenju]
arrimage (m)	acoplagem (f)	[ako'plaʒẽ]
s'arrimer à ...	fazer uma acoplagem	[fa'zer 'uma ako'plaʒẽ]
observatoire (m)	observatório (m)	[observa'tɔrju]
télescope (m)	telescópio (m)	[tele'skɔpju]
observer (vt)	observar (vt)	[obser'var]
explorer (un cosmos)	explorar (vt)	[isplo'rar]

75. La Terre

Terre (f)	Terra (f)	['tɛha]
globe (m) terrestre	globo (m) terrestre	['globu te'hɛstri]
planète (f)	planeta (m)	[pla'neta]
atmosphère (f)	atmosfera (f)	[atmos'fɛra]
géographie (f)	geografia (f)	[ʒeogra'fia]
nature (f)	natureza (f)	[natu'reza]
globe (m) de table	globo (m)	['globu]
carte (f)	mapa (m)	['mapa]
atlas (m)	atlas (m)	['atlas]
Europe (f)	Europa (f)	[ew'rɔpa]
Asie (f)	Ásia (f)	['azja]
Afrique (f)	África (f)	['afrika]
Australie (f)	Austrália (f)	[aws'tralja]
Amérique (f)	América (f)	[a'mɛrika]
Amérique (f) du Nord	América (f) do Norte	[a'mɛrika du 'nortʃi]
Amérique (f) du Sud	América (f) do Sul	[a'mɛrika du suw]
l'Antarctique (m)	Antártida (f)	[ã'tartʃida]
l'Arctique (m)	Ártico (m)	['artʃiku]

76. Les quatre parties du monde

nord (m)	norte (m)	['nɔrtʃi]
vers le nord	para norte	['para 'nɔrtʃi]
au nord	no norte	[nu 'nɔrtʃi]
du nord (adj)	do norte	[du 'nɔrtʃi]
sud (m)	sul (m)	[suw]
vers le sud	para sul	['para suw]
au sud	no sul	[nu suw]
du sud (adj)	do sul	[du suw]
ouest (m)	oeste, ocidente (m)	['wɛstʃi], [osi'dẽtʃi]
vers l'occident	para oeste	['para 'wɛstʃi]
à l'occident	no oeste	[nu 'wɛstʃi]
occidental (adj)	ocidental	[osidẽ'taw]
est (m)	leste, oriente (m)	['lɛstʃi], [o'rjẽtʃi]
vers l'orient	para leste	['para 'lɛstʃi]
à l'orient	no leste	[nu 'lɛstʃi]
oriental (adj)	oriental	[orjẽ'taw]

77. Les océans et les mers

mer (f)	mar (m)	[mah]
océan (m)	oceano (m)	[o'sjanu]
golfe (m)	golfo (m)	['gowfu]
détroit (m)	estreito (m)	[is'trejtu]
terre (f) ferme	terra (f) firme	['tɛha 'firmi]
continent (m)	continente (m)	[kõtʃi'nẽtʃi]
île (f)	ilha (f)	['iʎa]
presqu'île (f)	península (f)	[pe'nĩsula]
archipel (m)	arquipélago (m)	[arki'pɛlagu]
baie (f)	baía (f)	[ba'ia]
port (m)	porto (m)	['portu]
lagune (f)	lagoa (f)	[la'goa]
cap (m)	cabo (m)	['kabu]
atoll (m)	atol (m)	[a'tɔw]
récif (m)	recife (m)	[he'sifi]
corail (m)	coral (m)	[ko'raw]
récif (m) de corail	recife (m) de coral	[he'sifi de ko'raw]
profond (adj)	profundo	[pro'fũdu]
profondeur (f)	profundidade (f)	[profũdʒi'dadʒi]
abîme (m)	abismo (m)	[a'bizmu]
fosse (f) océanique	fossa (f) oceânica	['fɔsa o'sjanika]
courant (m)	corrente (f)	[ko'hẽtʃi]
baigner (vt) (mer)	banhar (vt)	[ba'ɲar]
littoral (m)	litoral (m)	[lito'raw]

côte (f)	costa (f)	['kɔsta]
marée (f) haute	maré (f) alta	[ma'rɛ 'awta]
marée (f) basse	refluxo (m)	[he'fluksu]
banc (m) de sable	restinga (f)	[hes'tʃĩga]
fond (m)	fundo (m)	['fũdu]

vague (f)	onda (f)	['õda]
crête (f) de la vague	crista (f) da onda	['krista da 'õda]
mousse (f)	espuma (f)	[is'puma]

tempête (f) en mer	tempestade (f)	[tẽpes'tadʒi]
ouragan (m)	furacão (m)	[fura'kãw]
tsunami (m)	tsunami (m)	[tsu'nami]
calme (m)	calmaria (f)	[kawma'ria]
calme (tranquille)	calmo	['kawmu]

| pôle (m) | polo (m) | ['pɔlu] |
| polaire (adj) | polar | [po'lar] |

latitude (f)	latitude (f)	[latʃi'tudʒi]
longitude (f)	longitude (f)	[lõʒi'tudʒi]
parallèle (f)	paralela (f)	[para'lɛla]
équateur (m)	equador (m)	[ekwa'dor]

ciel (m)	céu (m)	[sɛw]
horizon (m)	horizonte (m)	[ori'zõtʃi]
air (m)	ar (m)	[ar]

phare (m)	farol (m)	[fa'rɔw]
plonger (vi)	mergulhar (vi)	[mergu'ʎar]
sombrer (vi)	afundar-se (vr)	[afũ'darse]
trésor (m)	tesouros (m pl)	[te'zorus]

78. Les noms des mers et des océans

océan (m) Atlantique	Oceano (m) Atlântico	[o'sjanu at'lãtʃiku]
océan (m) Indien	Oceano (m) Índico	[o'sjanu 'ĩdiku]
océan (m) Pacifique	Oceano (m) Pacífico	[o'sjanu pa'sifiku]
océan (m) Glacial	Oceano (m) Ártico	[o'sjanu 'artʃiku]

mer (f) Noire	Mar (m) Negro	[mah 'negru]
mer (f) Rouge	Mar (m) Vermelho	[mah ver'meʎu]
mer (f) Jaune	Mar (m) Amarelo	[mah ama'rɛlu]
mer (f) Blanche	Mar (m) Branco	[mah 'brãku]

mer (f) Caspienne	Mar (m) Cáspio	[mah 'kaspju]
mer (f) Morte	Mar (m) Morto	[mah 'mortu]
mer (f) Méditerranée	Mar (m) Mediterrâneo	[mah medʒite'hanju]

| mer (f) Égée | Mar (m) Egeu | [mah e'ʒew] |
| mer (f) Adriatique | Mar (m) Adriático | [mah a'drjatʃiku] |

| mer (f) Arabique | Mar (m) Arábico | [mah a'rabiku] |
| mer (f) du Japon | Mar (m) do Japão | [mah du ʒa'pãw] |

| mer (f) de Béring | **Mar** (m) **de Bering** | [mah de beˈrĩgi] |
| mer (f) de Chine Méridionale | **Mar** (m) **da China Meridional** | [mah da ˈʃina meriʤjoˈnaw] |

mer (f) de Corail	**Mar** (m) **de Coral**	[mah de koˈraw]
mer (f) de Tasman	**Mar** (m) **de Tasman**	[mah de tazman]
mer (f) Caraïbe	**Mar** (m) **do Caribe**	[mah du kaˈribi]

| mer (f) de Barents | **Mar** (m) **de Barents** | [mah de barẽts] |
| mer (f) de Kara | **Mar** (m) **de Kara** | [mah de ˈkara] |

mer (f) du Nord	**Mar** (m) **do Norte**	[mah du ˈnɔrtʃi]
mer (f) Baltique	**Mar** (m) **Báltico**	[mah ˈbawtʃiku]
mer (f) de Norvège	**Mar** (m) **da Noruega**	[mah da norˈwɛga]

79. Les montagnes

montagne (f)	**montanha** (f)	[mõˈtaɲa]
chaîne (f) de montagnes	**cordilheira** (f)	[korʤiˈʎejra]
crête (f)	**serra** (f)	[ˈsɛha]

sommet (m)	**cume** (m)	[ˈkumi]
pic (m)	**pico** (m)	[ˈpiku]
pied (m)	**pé** (m)	[pɛ]
pente (f)	**declive** (m)	[deˈklivi]

volcan (m)	**vulcão** (m)	[vuwˈkãw]
volcan (m) actif	**vulcão** (m) **ativo**	[vuwˈkãw aˈtʃivu]
volcan (m) éteint	**vulcão** (m) **extinto**	[vuwˈkãw isˈtʃĩtu]

éruption (f)	**erupção** (f)	[erupˈsãw]
cratère (m)	**cratera** (f)	[kraˈtɛra]
magma (m)	**magma** (m)	[ˈmagma]
lave (f)	**lava** (f)	[ˈlava]
en fusion (lave ~)	**fundido**	[fũˈʤidu]

canyon (m)	**cânion, desfiladeiro** (m)	[ˈkanjon], [ʤisfilaˈdejru]
défilé (m) (gorge)	**garganta** (f)	[garˈgãta]
crevasse (f)	**fenda** (f)	[ˈfẽda]
précipice (m)	**precipício** (m)	[presiˈpisju]

col (m) de montagne	**passo, colo** (m)	[ˈpasu], [ˈkɔlu]
plateau (m)	**planalto** (m)	[plaˈnawtu]
rocher (m)	**falésia** (f)	[faˈlɛzja]
colline (f)	**colina** (f)	[koˈlina]

glacier (m)	**geleira** (f)	[ʒeˈlejra]
chute (f) d'eau	**cachoeira** (f)	[kaʃˈwejra]
geyser (m)	**gêiser** (m)	[ˈʒɛjzer]
lac (m)	**lago** (m)	[ˈlagu]

plaine (f)	**planície** (f)	[plaˈnisi]
paysage (m)	**paisagem** (f)	[pajˈzaʒẽ]
écho (m)	**eco** (m)	[ˈɛku]
alpiniste (m)	**alpinista** (m)	[awpiˈnista]

varappeur (m)	escalador (m)	[iskala'dor]
conquérir (vt)	conquistar (vt)	[kõkis'tar]
ascension (f)	subida, escalada (f)	[su'bida], [iska'lada]

80. Les noms des chaînes de montagne

Alpes (f pl)	Alpes (m pl)	['awpis]
Mont Blanc (m)	Monte Branco (m)	['mõtʃi 'brãku]
Pyrénées (f pl)	Pirineus (m pl)	[piri'news]
Carpates (f pl)	Cárpatos (m pl)	['karpatus]
Monts Oural (m pl)	Urais (m pl)	[u'rajs]
Caucase (m)	Cáucaso (m)	['kawkazu]
Elbrous (m)	Elbrus (m)	[el'brus]
Altaï (m)	Altai (m)	[al'taj]
Tian Chan (m)	Tian Shan (m)	[tjan ʃan]
Pamir (m)	Pamir (m)	[pa'mir]
Himalaya (m)	Himalaia (m)	[ima'laja]
Everest (m)	monte Everest (m)	['mõtʃi eve'rest]
Andes (f pl)	Cordilheira (f) dos Andes	[kordʒi'ʎejra dus 'ãdʒis]
Kilimandjaro (m)	Kilimanjaro (m)	[kilimã'ʒaru]

81. Les fleuves

rivière (f), fleuve (m)	rio (m)	['hiu]
source (f)	fonte, nascente (f)	['fõtʃi], [na'sẽtʃi]
lit (m) (d'une rivière)	leito (m) de rio	['lejtu de 'hiu]
bassin (m)	bacia (f)	[ba'sia]
se jeter dans ...	desaguar no ...	[dʒiza'gwar nu]
affluent (m)	afluente (m)	[a'flwẽtʃi]
rive (f)	margem (f)	['marʒẽ]
courant (m)	corrente (f)	[ko'hẽtʃi]
en aval	rio abaixo	['hiu a'baɪʃu]
en amont	rio acima	['hiu a'sima]
inondation (f)	inundação (f)	[ĩtrodu'sãw]
les grandes crues	cheia (f)	['ʃeja]
déborder (vt)	transbordar (vi)	[trãzbor'dar]
inonder (vt)	inundar (vt)	[inũ'dar]
bas-fond (m)	banco (m) de areia	['bãku de a'reja]
rapide (m)	corredeira (f)	[kohe'dejra]
barrage (m)	barragem (f)	[ba'haʒẽ]
canal (m)	canal (m)	[ka'naw]
lac (m) de barrage	reservatório (m) de água	[hezerva'tɔrju de 'agwa]
écluse (f)	eclusa (f)	[e'kluza]
plan (m) d'eau	corpo (m) de água	['korpu de 'agwa]

marais (m)	**pântano** (m)	['pãtanu]
fondrière (f)	**lamaçal** (m)	[lama'saw]
tourbillon (m)	**rodamoinho** (m)	[hodamo'iɲu]

ruisseau (m)	**riacho** (m)	['hjaʃu]
potable (adj)	**potável**	[po'tavew]
douce (l'eau ~)	**doce**	['dosi]

glace (f)	**gelo** (m)	['ʒelu]
être gelé	**congelar-se** (vr)	[kõʒe'larsi]

82. Les noms des fleuves

Seine (f)	**rio Sena** (m)	['hiu 'sɛna]
Loire (f)	**rio Loire** (m)	['hiu lu'ar]

Tamise (f)	**rio Tâmisa** (m)	['hiu 'tamiza]
Rhin (m)	**rio Reno** (m)	['hiu 'henu]
Danube (m)	**rio Danúbio** (m)	['hiu da'nubju]

Volga (f)	**rio Volga** (m)	['hiu 'vɔlga]
Don (m)	**rio Don** (m)	['hiu dɔn]
Lena (f)	**rio Lena** (m)	['hiu 'lena]

Huang He (m)	**rio Amarelo** (m)	['hiu ama'rɛlu]
Yangzi Jiang (m)	**rio Yangtzé** (m)	['hiu jã'gtzɛ]
Mékong (m)	**rio Mekong** (m)	['hiu mi'kõg]
Gange (m)	**rio Ganges** (m)	['hiu 'gændʒi:z]

Nil (m)	**rio Nilo** (m)	['hiu 'nilu]
Congo (m)	**rio Congo** (m)	['hiu 'kõgu]
Okavango (m)	**rio Cubango** (m)	['hiu ku'bãgu]
Zambèze (m)	**rio Zambeze** (m)	['hiu zã'bezi]
Limpopo (m)	**rio Limpopo** (m)	['hiu lĩ'popu]
Mississippi (m)	**rio Mississippi** (m)	['hiu misi'sipi]

83. La forêt

forêt (f)	**floresta** (f), **bosque** (m)	[flo'rɛsta], ['bɔski]
forestier (adj)	**florestal**	[flores'taw]

fourré (m)	**mata** (f) **fechada**	['mata fe'ʃada]
bosquet (m)	**arvoredo** (m)	[arvo'redu]
clairière (f)	**clareira** (f)	[kla'rejra]

broussailles (f pl)	**matagal** (m)	[mata'gaw]
taillis (m)	**mato** (m), **caatinga** (f)	['matu], [ka'tʃĩga]

sentier (m)	**trilha, vereda** (f)	['triʎa], [ve'reda]
ravin (m)	**ravina** (f)	[ha'vina]
arbre (m)	**árvore** (f)	['arvori]
feuille (f)	**folha** (f)	['foʎa]

feuillage (m)	folhagem (f)	[foˈʎaʒẽ]
chute (f) de feuilles	queda (f) das folhas	[ˈkɛda das ˈfoʎas]
tomber (feuilles)	cair (vi)	[kaˈir]
sommet (m)	topo (m)	[ˈtopu]

rameau (m)	ramo (m)	[ˈhamu]
branche (f)	galho (m)	[ˈgaʎu]
bourgeon (m)	botão (m)	[boˈtãw]
aiguille (f)	agulha (f)	[aˈguʎa]
pomme (f) de pin	pinha (f)	[ˈpiɲa]

creux (m)	buraco (m) de árvore	[buˈraku de ˈarvori]
nid (m)	ninho (m)	[ˈniɲu]
terrier (m) (~ d'un renard)	toca (f)	[ˈtɔka]

tronc (m)	tronco (m)	[ˈtrõku]
racine (f)	raiz (f)	[haˈiz]
écorce (f)	casca (f) de árvore	[ˈkaska de ˈarvori]
mousse (f)	musgo (m)	[ˈmuzgu]

déraciner (vt)	arrancar pela raiz	[ahãˈkar ˈpɛla haˈiz]
abattre (un arbre)	cortar (vt)	[korˈtar]
déboiser (vt)	desflorestar (vt)	[dʒisfloresˈtar]
souche (f)	toco, cepo (m)	[ˈtoku], [ˈsepu]

feu (m) de bois	fogueira (f)	[foˈgejra]
incendie (m)	incêndio (m) florestal	[ĩˈsẽdʒju floresˈtaw]
éteindre (feu)	apagar (vt)	[apaˈgar]

garde (m) forestier	guarda-parque (m)	[ˈgwarda ˈparki]
protection (f)	proteção (f)	[proteˈsãw]
protéger (vt)	proteger (vt)	[proteˈʒer]
braconnier (m)	caçador (m) furtivo	[kasaˈdor furˈtʃivu]
piège (m) à mâchoires	armadilha (f)	armaˈdʒiʎa]

| cueillir (vt) | colher (vt) | [koˈʎer] |
| s'égarer (vp) | perder-se (vr) | [perˈdersi] |

84. Les ressources naturelles

ressources (f pl) naturelles	recursos (m pl) naturais	[heˈkursus natuˈrajs]
minéraux (m pl)	minerais (m pl)	[mineˈrajs]
gisement (m)	depósitos (m pl)	[deˈpɔzitus]
champ (m) (~ pétrolifère)	jazida (f)	[ʒaˈzida]

extraire (vt)	extrair (vt)	[istraˈjir]
extraction (f)	extração (f)	[istraˈsãw]
minerai (m)	minério (m)	[miˈnɛrju]
mine (f) (site)	mina (f)	[ˈmina]
puits (m) de mine	poço (m) de mina	[ˈposu de ˈmina]
mineur (m)	mineiro (m)	[miˈnejru]

| gaz (m) | gás (m) | [gajs] |
| gazoduc (m) | gasoduto (m) | [gazoˈdutu] |

pétrole (m)	petróleo (m)	[pe'trɔlju]
pipeline (m)	oleoduto (m)	[oljo'dutu]
tour (f) de forage	poço (m) de petróleo	['pɔsu de pe'trɔlju]
derrick (m)	torre (f) petrolífera	['tohi petro'lifera]
pétrolier (m)	petroleiro (m)	[petro'lejru]

sable (m)	areia (f)	[a'reja]
calcaire (m)	calcário (m)	[kaw'karju]
gravier (m)	cascalho (m)	[kas'kaʎu]
tourbe (f)	turfa (f)	['turfa]
argile (f)	argila (f)	[ar'ʒila]
charbon (m)	carvão (m)	[kar'vãw]

fer (m)	ferro (m)	['fɛhu]
or (m)	ouro (m)	['oru]
argent (m)	prata (f)	['prata]
nickel (m)	níquel (m)	['nikew]
cuivre (m)	cobre (m)	['kɔbri]

zinc (m)	zinco (m)	['zĩku]
manganèse (m)	manganês (m)	[mãga'nes]
mercure (m)	mercúrio (m)	[mer'kurju]
plomb (m)	chumbo (m)	['ʃũbu]

minéral (m)	mineral (m)	[mine'raw]
cristal (m)	cristal (m)	[kris'taw]
marbre (m)	mármore (m)	['marmori]
uranium (m)	urânio (m)	[u'ranju]

85. Le temps

temps (m)	tempo (m)	['tẽpu]
météo (f)	previsão (f) do tempo	[previ'zãw du 'tẽpu]
température (f)	temperatura (f)	[tẽpera'tura]
thermomètre (m)	termômetro (m)	[ter'mometru]
baromètre (m)	barômetro (m)	[ba'romɛtru]

humide (adj)	úmido	['umidu]
humidité (f)	umidade (f)	[umi'dadʒi]
chaleur (f) (canicule)	calor (m)	[ka'lor]
torride (adj)	tórrido	['tɔhidu]
il fait très chaud	está muito calor	[is'ta 'mwĩtu ka'lor]

| il fait chaud | está calor | [is'ta ka'lor] |
| chaud (modérément) | quente | ['kẽtʃi] |

| il fait froid | está frio | [is'ta 'friu] |
| froid (adj) | frio | ['friu] |

soleil (m)	sol (m)	[sɔw]
briller (soleil)	brilhar (vi)	[bri'ʎar]
ensoleillé (jour ~)	de sol, ensolarado	[de sɔw], [ẽsola'radu]
se lever (vp)	nascer (vi)	[na'ser]
se coucher (vp)	pôr-se (vr)	['porsi]

nuage (m)	**nuvem** (f)	['nuvẽj]
nuageux (adj)	**nublado**	[nu'bladu]
nuée (f)	**nuvem** (f) **preta**	['nuvẽj 'preta]
sombre (adj)	**escuro**	[is'kuru]
pluie (f)	**chuva** (f)	['ʃuva]
il pleut	**está a chover**	[is'ta a ʃo'ver]
pluvieux (adj)	**chuvoso**	[ʃu'vozu]
bruiner (v imp)	**chuviscar** (vi)	[ʃuvis'kar]
pluie (f) torrentielle	**chuva** (f) **torrencial**	['ʃuva tohẽ'sjaw]
averse (f)	**aguaceiro** (m)	[agwa'sejru]
forte (la pluie ~)	**forte**	['fɔrtʃi]
flaque (f)	**poça** (f)	['posa]
se faire mouiller	**molhar-se** (vr)	[mo'ʎarsi]
brouillard (m)	**nevoeiro** (m)	[nevo'ejru]
brumeux (adj)	**de nevoeiro**	[de nevu'ejru]
neige (f)	**neve** (f)	['nɛvi]
il neige	**está nevando**	[is'ta ne'vãdu]

86. Les intempéries. Les catastrophes naturelles

orage (m)	**trovoada** (f)	[tro'vwada]
éclair (m)	**relâmpago** (m)	[he'lãpagu]
éclater (foudre)	**relampejar** (vi)	[helãpe'ʒar]
tonnerre (m)	**trovão** (m)	[tro'vãw]
gronder (tonnerre)	**trovejar** (vi)	[trove'ʒar]
le tonnerre gronde	**está trovejando**	[is'ta trove'ʒãdu]
grêle (f)	**granizo** (m)	[gra'nizu]
il grêle	**está caindo granizo**	[is'ta ka'ĩdu gra'nizu]
inonder (vt)	**inundar** (vt)	[inũ'dar]
inondation (f)	**inundação** (f)	[ĩtrodu'sãw]
tremblement (m) de terre	**terremoto** (m)	[tehe'mɔtu]
secousse (f)	**abalo, tremor** (m)	[a'balu], [tre'mor]
épicentre (m)	**epicentro** (m)	[epi'sẽtru]
éruption (f)	**erupção** (f)	[erup'sãw]
lave (f)	**lava** (f)	['lava]
tourbillon (m)	**tornado** (m)	[tor'nadu]
tornade (f)	**tornado** (m)	[tor'nadu]
typhon (m)	**tufão** (m)	[tu'fãw]
ouragan (m)	**furacão** (m)	[fura'kãw]
tempête (f)	**tempestade** (f)	[tẽpes'tadʒi]
tsunami (m)	**tsunami** (m)	[tsu'nami]
cyclone (m)	**ciclone** (m)	[si'klɔni]
intempéries (f pl)	**mau tempo** (m)	[maw 'tẽpu]

incendie (m)	incêndio (m)	[ĩ'sẽdʒju]
catastrophe (f)	catástrofe (f)	[ka'tastrofi]
météorite (m)	meteorito (m)	[meteo'ritu]

avalanche (f)	avalanche (f)	[ava'lãʃi]
éboulement (m)	deslizamento (m) de neve	[dʒizliza'mẽtu de 'nɛvi]
blizzard (m)	nevasca (f)	[ne'vaska]
tempête (f) de neige	tempestade (f) de neve	[tẽpes'tadʒi de 'nɛvi]

LA FAUNE

87. Les mammifères. Les prédateurs

prédateur (m)	predador (m)	[preda'dor]
tigre (m)	tigre (m)	['tʃigri]
lion (m)	leão (m)	[le'ãw]
loup (m)	lobo (m)	['lobu]
renard (m)	raposa (f)	[ha'pozu]
jaguar (m)	jaguar (m)	[ʒa'gwar]
léopard (m)	leopardo (m)	[ljo'pardu]
guépard (m)	chita (f)	['ʃita]
panthère (f)	pantera (f)	[pã'tɛra]
puma (m)	puma (m)	['puma]
léopard (m) de neiges	leopardo-das-neves (m)	[ljo'pardu das 'nɛvis]
lynx (m)	lince (m)	['lĩsi]
coyote (m)	coiote (m)	[ko'jotʃi]
chacal (m)	chacal (m)	[ʃa'kaw]
hyène (f)	hiena (f)	['jena]

88. Les animaux sauvages

animal (m)	animal (m)	[ani'maw]
bête (f)	besta (f)	['besta]
écureuil (m)	esquilo (m)	[is'kilu]
hérisson (m)	ouriço (m)	[o'risu]
lièvre (m)	lebre (f)	['lɛbri]
lapin (m)	coelho (m)	[ko'eʎu]
blaireau (m)	texugo (m)	[te'ʃugu]
raton (m)	guaxinim (m)	[gwaʃi'nĩ]
hamster (m)	hamster (m)	['amster]
marmotte (f)	marmota (f)	[mah'mɔta]
taupe (f)	toupeira (f)	[to'pejra]
souris (f)	rato (m)	['hatu]
rat (m)	ratazana (f)	[hata'zana]
chauve-souris (f)	morcego (m)	[mor'segu]
hermine (f)	arminho (m)	[ar'miɲu]
zibeline (f)	zibelina (f)	[zibe'lina]
martre (f)	marta (f)	['mahta]
belette (f)	doninha (f)	[dɔ'niɲa]
vison (m)	visom (m)	[vi'zõ]

| castor (m) | castor (m) | [kas'tor] |
| loutre (f) | lontra (f) | ['lõtra] |

cheval (m)	cavalo (m)	[ka'valu]
élan (m)	alce (m)	['awsi]
cerf (m)	veado (m)	['vjadu]
chameau (m)	camelo (m)	[ka'melu]

bison (m)	bisão (m)	[bi'zãw]
aurochs (m)	auroque (m)	[aw'rɔki]
buffle (m)	búfalo (m)	['bufalu]

zèbre (m)	zebra (f)	['zebra]
antilope (f)	antílope (m)	[ã'tʃilopi]
chevreuil (m)	corça (f)	['korsa]
biche (f)	gamo (m)	['gamu]
chamois (m)	camurça (f)	[ka'mursa]
sanglier (m)	javali (m)	[ʒava'li]

baleine (f)	baleia (f)	[ba'leja]
phoque (m)	foca (f)	['fɔka]
morse (m)	morsa (f)	['mɔhsa]
ours (m) de mer	urso-marinho (m)	['ursu ma'riɲu]
dauphin (m)	golfinho (m)	[gow'fiɲu]

ours (m)	urso (m)	['ursu]
ours (m) blanc	urso (m) polar	['ursu po'lar]
panda (m)	panda (m)	['pãda]

singe (m)	macaco (m)	[ma'kaku]
chimpanzé (m)	chimpanzé (m)	[ʃĩpã'zɛ]
orang-outang (m)	orangotango (m)	[orãgu'tãgu]
gorille (m)	gorila (m)	[go'rila]
macaque (m)	macaco (m)	[ma'kaku]
gibbon (m)	gibão (m)	[ʒi'bãw]

éléphant (m)	elefante (m)	[ele'fãtʃi]
rhinocéros (m)	rinoceronte (m)	[hinose'rõtʃi]
girafe (f)	girafa (f)	[ʒi'rafa]
hippopotame (m)	hipopótamo (m)	[ipo'pɔtamu]

| kangourou (m) | canguru (m) | [kãgu'ru] |
| koala (m) | coala (m) | ['kwala] |

mangouste (f)	mangusto (m)	[mã'gustu]
chinchilla (m)	chinchila (f)	[ʃĩ'ʃila]
mouffette (f)	cangambá (f)	[kã'gãba]
porc-épic (m)	porco-espinho (m)	['pɔrku is'piɲu]

89. Les animaux domestiques

chat (m) (femelle)	gata (f)	['gata]
chat (m) (mâle)	gato (m) macho	['gatu 'maʃu]
chien (m)	cão (m)	['kãw]

cheval (m)	cavalo (m)	[ka'valu]
étalon (m)	garanhão (m)	[gara'ɲãw]
jument (f)	égua (f)	['ɛgwa]

vache (f)	vaca (f)	['vaka]
taureau (m)	touro (m)	['toru]
bœuf (m)	boi (m)	[boj]

brebis (f)	ovelha (f)	[o'veʎa]
mouton (m)	carneiro (m)	[kar'nejru]
chèvre (f)	cabra (f)	['kabra]
bouc (m)	bode (m)	['bɔdʒi]

| âne (m) | burro (m) | ['buhu] |
| mulet (m) | mula (f) | ['mula] |

cochon (m)	porco (m)	['porku]
pourceau (m)	leitão (m)	[lej'tãw]
lapin (m)	coelho (m)	[ko'eʎu]

| poule (f) | galinha (f) | [ga'liɲa] |
| coq (m) | galo (m) | ['galu] |

canard (m)	pata (f)	['pata]
canard (m) mâle	pato (m)	['patu]
oie (f)	ganso (m)	['gãsu]

| dindon (m) | peru (m) | [pe'ru] |
| dinde (f) | perua (f) | [pe'rua] |

animaux (m pl) domestiques	animais (m pl) domésticos	[ani'majs do'mɛstʃikus]
apprivoisé (adj)	domesticado	[domestʃi'kadu]
apprivoiser (vt)	domesticar (vt)	[domestʃi'kar]
élever (vt)	criar (vt)	[krjar]

ferme (f)	fazenda (f)	[fa'zẽda]
volaille (f)	aves (f pl) domésticas	['avis do'mɛstʃikas]
bétail (m)	gado (m)	['gadu]
troupeau (m)	rebanho (m), manada (f)	[he'baɲu], [ma'nada]

écurie (f)	estábulo (m)	[is'tabulu]
porcherie (f)	chiqueiro (m)	[ʃi'kejru]
vacherie (f)	estábulo (m)	[is'tabulu]
cabane (f) à lapins	coelheira (f)	[kue'ʎejra]
poulailler (m)	galinheiro (m)	[gali'ɲejru]

90. Les oiseaux

oiseau (m)	pássaro (m), ave (f)	['pasaru], ['avi]
pigeon (m)	pombo (m)	['põbu]
moineau (m)	pardal (m)	[par'daw]
mésange (f)	chapim-real (m)	[ʃa'pĩ-he'aw]
pie (f)	pega-rabuda (f)	['pega-ha'buda]
corbeau (m)	corvo (m)	['korvu]

corneille (f)	gralha-cinzenta (f)	['graʎa sĩ'zĕta]
choucas (m)	gralha-de-nuca-cinzenta (f)	['graʎa de 'nuka sĩ'zĕta]
freux (m)	gralha-calva (f)	['graʎa 'kawvu]

canard (m)	pato (m)	['patu]
oie (f)	ganso (m)	['gãsu]
faisan (m)	faisão (m)	[faj'zãw]

aigle (m)	águia (f)	['agja]
épervier (m)	açor (m)	[a'sor]
faucon (m)	falcão (m)	[faw'kãw]
vautour (m)	abutre (m)	[a'butri]
condor (m)	condor (m)	[kõ'dor]

cygne (m)	cisne (m)	['sizni]
grue (f)	grou (m)	[grow]
cigogne (f)	cegonha (f)	[se'goɲa]

perroquet (m)	papagaio (m)	[papa'gaju]
colibri (m)	beija-flor (m)	[bejʒa'flɔr]
paon (m)	pavão (m)	[pa'vãw]

autruche (f)	avestruz (m)	[aves'truz]
héron (m)	garça (f)	['garsa]
flamant (m)	flamingo (m)	[fla'mĩgu]
pélican (m)	pelicano (m)	[peli'kanu]

| rossignol (m) | rouxinol (m) | [hoʃi'nɔw] |
| hirondelle (f) | andorinha (f) | [ãdo'riɲa] |

merle (m)	tordo-zornal (m)	['tɔrdu-zor'nal]
grive (f)	tordo-músico (m)	['tɔrdu-'muziku]
merle (m) noir	melro-preto (m)	['mɛwhu 'pretu]

martinet (m)	andorinhão (m)	[ãdori'nãw]
alouette (f) des champs	laverca, cotovia (f)	[la'verka], [kutu'via]
caille (f)	codorna (f)	[ko'dɔrna]

pivert (m)	pica-pau (m)	['pika 'paw]
coucou (m)	cuco (m)	['kuku]
chouette (f)	coruja (f)	[ko'ruʒa]
hibou (m)	bufo-real (m)	['bufu-he'aw]
tétras (m)	tetraz-grande (m)	[tɛ'tras-'grãdʒi]
tétras-lyre (m)	tetraz-lira (m)	[tɛ'tras-'lira]
perdrix (f)	perdiz-cinzenta (f)	[per'dis sĩ'zĕta]

étourneau (m)	estorninho (m)	[istor'niɲu]
canari (m)	canário (m)	[ka'narju]
gélinotte (f) des bois	galinha-do-mato (f)	[ga'liɲa du 'matu]

| pinson (m) | tentilhão (m) | [tĕtʃi'ʎãw] |
| bouvreuil (m) | dom-fafe (m) | [dõ'fafi] |

mouette (f)	gaivota (f)	[gaj'vɔta]
albatros (m)	albatroz (m)	[alba'trɔs]
pingouin (m)	pinguim (m)	[pĩ'gwĩ]

91. Les poissons. Les animaux marins

brème (f)	brema (f)	['brema]
carpe (f)	carpa (f)	['karpa]
perche (f)	perca (f)	['pehka]
silure (m)	siluro (m)	[si'luru]
brochet (m)	lúcio (m)	['lusju]
saumon (m)	salmão (m)	[saw'mãw]
esturgeon (m)	esturjão (m)	[istur'ʒãw]
hareng (m)	arenque (m)	[a'rẽki]
saumon (m) atlantique	salmão (m) do Atlântico	[saw'mãw du at'lãtʃiku]
maquereau (m)	cavala, sarda (f)	[ka'vala], ['sarda]
flet (m)	solha (f), linguado (m)	['soʎa], [lĩ'gwadu]
sandre (f)	lúcio perca (m)	['lusju 'perka]
morue (f)	bacalhau (m)	[baka'ʎaw]
thon (m)	atum (m)	[a'tũ]
truite (f)	truta (f)	['truta]
anguille (f)	enguia (f)	[ẽ'gia]
torpille (f)	raia (f) elétrica	['haja e'lɛtrika]
murène (f)	moreia (f)	[mo'reja]
piranha (m)	piranha (f)	[pi'raɲa]
requin (m)	tubarão (m)	[tuba'rãw]
dauphin (m)	golfinho (m)	[gow'fiɲu]
baleine (f)	baleia (f)	[ba'leja]
crabe (m)	caranguejo (m)	[karã'geʒu]
méduse (f)	água-viva (f)	['agwa 'viva]
pieuvre (f), poulpe (m)	polvo (m)	['powvu]
étoile (f) de mer	estrela-do-mar (f)	[is'trela du 'mar]
oursin (m)	ouriço-do-mar (m)	[o'risu du 'mar]
hippocampe (m)	cavalo-marinho (m)	[ka'valu ma'riɲu]
huître (f)	ostra (f)	['ostra]
crevette (f)	camarão (m)	[kama'rãw]
homard (m)	lagosta (f)	[la'gosta]
langoustine (f)	lagosta (f)	[la'gosta]

92. Les amphibiens. Les reptiles

serpent (m)	cobra (f)	['kɔbra]
venimeux (adj)	venenoso	[vene'nozu]
vipère (f)	víbora (f)	['vibora]
cobra (m)	naja (f)	['naʒa]
python (m)	píton (m)	['pitɔn]
boa (m)	jiboia (f)	[ʒi'bɔja]
couleuvre (f)	cobra-de-água (f)	[kɔbra de 'agwa]

| serpent (m) à sonnettes | cascavel (f) | [kaska'vɛw] |
| anaconda (m) | anaconda, sucuri (f) | [ana'kõda], [sukuri] |

lézard (m)	lagarto (m)	[la'gartu]
iguane (m)	iguana (f)	[i'gwana]
varan (m)	varano (m)	[va'ranu]
salamandre (f)	salamandra (f)	[sala'mãdra]
caméléon (m)	camaleão (m)	[kamale'ãu]
scorpion (m)	escorpião (m)	[iskorpi'ãw]

tortue (f)	tartaruga (f)	[tarta'ruga]
grenouille (f)	rã (f)	[hã]
crapaud (m)	sapo (m)	['sapu]
crocodile (m)	crocodilo (m)	[kroko'dʒilu]

93. Les insectes

insecte (m)	inseto (m)	[ĩ'sɛtu]
papillon (m)	borboleta (f)	[borbo'leta]
fourmi (f)	formiga (f)	[for'miga]
mouche (f)	mosca (f)	['moska]
moustique (m)	mosquito (m)	[mos'kitu]
scarabée (m)	escaravelho (m)	[iskara'veʎu]

guêpe (f)	vespa (f)	['vespa]
abeille (f)	abelha (f)	[a'beʎa]
bourdon (m)	mamangaba (f)	[mamã'gaba]
œstre (m)	moscardo (m)	[mos'kardu]

| araignée (f) | aranha (f) | [a'raɲa] |
| toile (f) d'araignée | teia (f) de aranha | ['teja de a'raɲa] |

libellule (f)	libélula (f)	[li'bɛlula]
sauterelle (f)	gafanhoto (m)	[gafa'ɲotu]
papillon (m)	traça (f)	['trasa]

cafard (m)	barata (f)	[ba'rata]
tique (f)	carrapato (m)	[kaha'patu]
puce (f)	pulga (f)	['puwga]
moucheron (m)	borrachudo (m)	[boha'ʃudu]

criquet (m)	gafanhoto-migratório (m)	[gafa'ɲotu-migra'tɔrju]
escargot (m)	caracol (m)	[kara'kɔw]
grillon (m)	grilo (m)	['grilu]
luciole (f)	pirilampo, vaga-lume (m)	[piri'lãpu], [vaga-'lumi]
coccinelle (f)	joaninha (f)	[ʒwa'niɲa]
hanneton (m)	besouro (m)	[be'zoru]

sangsue (f)	sanguessuga (f)	[sãgi'suga]
chenille (f)	lagarta (f)	[la'garta]
ver (m)	minhoca (f)	[mi'ɲɔka]
larve (f)	larva (f)	['larva]

LA FLORE

94. Les arbres

arbre (m)	árvore (f)	['arvori]
à feuilles caduques	decídua	[de'sidwa]
conifère (adj)	conífera	[ko'nifera]
à feuilles persistantes	perene	[pe'rɛni]
pommier (m)	macieira (f)	[ma'sjejra]
poirier (m)	pereira (f)	[pe'rejra]
merisier (m)	cerejeira (f)	[sere'ʒejra]
cerisier (m)	ginjeira (f)	[ʒĩ'ʒejra]
prunier (m)	ameixeira (f)	[amej'ʃejra]
bouleau (m)	bétula (f)	['bɛtula]
chêne (m)	carvalho (m)	[kar'vaʎu]
tilleul (m)	tília (f)	['tʃilja]
tremble (m)	choupo-tremedor (m)	['ʃopu-treme'dor]
érable (m)	bordo (m)	['bordu]
épicéa (m)	espruce (m)	[is'pruse]
pin (m)	pinheiro (m)	[pi'ɲejru]
mélèze (m)	alerce, lariço (m)	[a'lɛrse], [la'risu]
sapin (m)	abeto (m)	[a'bɛtu]
cèdre (m)	cedro (m)	['sɛdru]
peuplier (m)	choupo, álamo (m)	['ʃopu], ['alamu]
sorbier (m)	tramazeira (f)	[trama'zejra]
saule (m)	salgueiro (m)	[saw'gejru]
aune (m)	amieiro (m)	[a'mjejru]
hêtre (m)	faia (f)	['faja]
orme (m)	ulmeiro, olmo (m)	[ul'mejru], ['ɔwmu]
frêne (m)	freixo (m)	['frejʃu]
marronnier (m)	castanheiro (m)	[kasta'ɲejru]
magnolia (m)	magnólia (f)	[mag'nɔlja]
palmier (m)	palmeira (f)	[paw'mejra]
cyprès (m)	cipreste (m)	[si'prɛstʃi]
palétuvier (m)	mangue (m)	['mãgi]
baobab (m)	embondeiro, baobá (m)	[ẽbõ'dejru], [bao'ba]
eucalyptus (m)	eucalipto (m)	[ewka'liptu]
séquoia (m)	sequoia (f)	[se'kwɔja]

95. Les arbustes

buisson (m)	arbusto (m)	[ar'bustu]
arbrisseau (m)	arbusto (m), moita (f)	[ar'bustu], ['mɔjta]

| vigne (f) | videira (f) | [vi'dejra] |
| vigne (f) (vignoble) | vinhedo (m) | [vi'ɲedu] |

framboise (f)	framboeseira (f)	[frãboe'zejra]
cassis (m)	groselheira-negra (f)	[groze'ʎejra 'negra]
groseille (f) rouge	groselheira-vermelha (f)	[grozɛ'ʎejra ver'meʎa]
groseille (f) verte	groselheira (f) espinhosa	[groze'ʎejra ispi'ɲoza]

acacia (m)	acácia (f)	[a'kasja]
berbéris (m)	bérberis (f)	['bɛrberis]
jasmin (m)	jasmim (m)	[ʒaz'mĩ]

genévrier (m)	junípero (m)	[ʒu'niperu]
rosier (m)	roseira (f)	[ho'zejra]
églantier (m)	roseira (f) brava	[ho'zejra 'brava]

96. Les fruits. Les baies

fruit (m)	fruta (f)	['fruta]
fruits (m pl)	frutas (f pl)	['frutas]
pomme (f)	maçã (f)	[ma'sã]
poire (f)	pera (f)	['pera]
prune (f)	ameixa (f)	[a'mejʃa]

fraise (f)	morango (m)	[mo'rãgu]
cerise (f)	ginja (f)	['ʒĩʒa]
merise (f)	cereja (f)	[se'reʒa]
raisin (m)	uva (f)	['uva]

framboise (f)	framboesa (f)	[frãbo'eza]
cassis (m)	groselha (f) negra	[gro'zɛʎa 'negra]
groseille (f) rouge	groselha (f) vermelha	[[gro'zɛʎa ver'meʎa]
groseille (f) verte	groselha (f) espinhosa	[gro'zɛʎa ispi'ɲoza]
canneberge (f)	oxicoco (m)	[oksi'koku]

orange (f)	laranja (f)	[la'rãʒa]
mandarine (f)	tangerina (f)	[tãʒe'rina]
ananas (m)	abacaxi (m)	[abaka'ʃi]

| banane (f) | banana (f) | [ba'nana] |
| datte (f) | tâmara (f) | ['tamara] |

citron (m)	limão (m)	[li'mãw]
abricot (m)	damasco (m)	[da'masku]
pêche (f)	pêssego (m)	['pesegu]

| kiwi (m) | quiuí (m) | [ki'vi] |
| pamplemousse (m) | toranja (f) | [to'rãʒa] |

baie (f)	baga (f)	['baga]
baies (f pl)	bagas (f pl)	['bagas]
airelle (f) rouge	arando (m) vermelho	[a'rãdu ver'meʎu]
fraise (f) des bois	morango-silvestre (m)	[mo'rãgu siw'vɛstri]
myrtille (f)	mirtilo (m)	[mih'tʃilu]

97. Les fleurs. Les plantes

fleur (f)	flor (f)	[flɔr]
bouquet (m)	buquê (m) de flores	[bu'ke de 'floris]
rose (f)	rosa (f)	['hɔza]
tulipe (f)	tulipa (f)	[tu'lipa]
oeillet (m)	cravo (m)	['kravu]
glaïeul (m)	gladíolo (m)	[gla'dʒiolu]
bleuet (m)	escovinha (f)	[isko'viɲa]
campanule (f)	campainha (f)	[kampa'iɲa]
dent-de-lion (f)	dente-de-leão (m)	['dẽtʃi] de le'ãw]
marguerite (f)	camomila (f)	[kamo'mila]
aloès (m)	aloé (m)	[alo'ɛ]
cactus (m)	cacto (m)	['kaktu]
ficus (m)	fícus (m)	['fikus]
lis (m)	lírio (m)	['lirju]
géranium (m)	gerânio (m)	[ʒe'ranju]
jacinthe (f)	jacinto (m)	[ʒa'sĩtu]
mimosa (m)	mimosa (f)	[mi'mɔza]
jonquille (f)	narciso (m)	[nar'sizu]
capucine (f)	capuchinha (f)	[kapu'ʃiɲa]
orchidée (f)	orquídea (f)	[or'kidʒja]
pivoine (f)	peônia (f)	[pi'onia]
violette (f)	violeta (f)	[vjo'leta]
pensée (f)	amor-perfeito (m)	[a'mor per'fejtu]
myosotis (m)	não-me-esqueças (m)	['nãw mi is'kesas]
pâquerette (f)	margarida (f)	[marga'rida]
coquelicot (m)	papoula (f)	[pa'pola]
chanvre (m)	cânhamo (m)	['kaɲamu]
menthe (f)	hortelã, menta (f)	[orte'lã], ['mẽta]
muguet (m)	lírio-do-vale (m)	['lirju du 'vali]
perce-neige (f)	campânula-branca (f)	[kã'panula-'brãka]
ortie (f)	urtiga (f)	[ur'tʃiga]
oseille (f)	azedinha (f)	[aze'dʒinha]
nénuphar (m)	nenúfar (m)	[ne'nufar]
fougère (f)	samambaia (f)	[samã'baja]
lichen (m)	líquen (m)	['likẽ]
serre (f) tropicale	estufa (f)	[is'tufa]
gazon (m)	gramado (m)	[gra'madu]
parterre (m) de fleurs	canteiro (m) de flores	[kã'tejru de 'floris]
plante (f)	planta (f)	['plãta]
herbe (f)	grama (f)	['grama]
brin (m) d'herbe	folha (f) de grama	['foʎa de 'grama]

feuille (f)	folha (f)	['foʎa]
pétale (m)	pétala (f)	['pɛtala]
tige (f)	talo (m)	['talu]
tubercule (m)	tubérculo (m)	[tu'berkulu]
pousse (f)	broto, rebento (m)	['brotu], [he'bẽtu]
épine (f)	espinho (m)	[is'piɲu]
fleurir (vi)	florescer (vi)	[flore'ser]
se faner (vp)	murchar (vi)	[mur'ʃar]
odeur (f)	cheiro (m)	['ʃejru]
couper (vt)	cortar (vt)	[kor'tar]
cueillir (fleurs)	colher (vt)	[ko'ʎer]

98. Les céréales

grains (m pl)	grão (m)	['grãw]
céréales (f pl) (plantes)	cereais (m pl)	[se'rjajs]
épi (m)	espiga (f)	[is'piga]
blé (m)	trigo (m)	['trigu]
seigle (m)	centeio (m)	[sẽ'teju]
avoine (f)	aveia (f)	[a'veja]
millet (m)	painço (m)	[pa'ĩsu]
orge (f)	cevada (f)	[se'vada]
maïs (m)	milho (m)	['miʎu]
riz (m)	arroz (m)	[a'hoz]
sarrasin (m)	trigo-sarraceno (m)	['trigu-saha'sẽnu]
pois (m)	ervilha (f)	[er'viʎa]
haricot (m)	feijão (m) roxo	[fej'ʒãw 'hoʃu]
soja (m)	soja (f)	['sɔʒa]
lentille (f)	lentilha (f)	[lẽ'tʃiʎa]
fèves (f pl)	feijão (m)	[fej'ʒãw]

LES PAYS DU MONDE

99. Les pays du monde. Partie 1

Afghanistan (m)	**Afeganistão** (m)	[afeganis'tãw]
Albanie (f)	**Albânia** (f)	[aw'banja]
Allemagne (f)	**Alemanha** (f)	[ale'mãɲa]
Angleterre (f)	**Inglaterra** (f)	[ĩgla'tɛha]
Arabie (f) Saoudite	**Arábia** (f) **Saudita**	[a'rabja saw'dʒita]
Argentine (f)	**Argentina** (f)	[arʒẽ'tʃina]
Arménie (f)	**Armênia** (f)	[ar'menja]
Australie (f)	**Austrália** (f)	[aws'tralja]
Autriche (f)	**Áustria** (f)	['awstrja]
Azerbaïdjan (m)	**Azerbaijão** (m)	[azerbaj'ʒãw]
Bahamas (f pl)	**Bahamas** (f pl)	[ba'amas]
Bangladesh (m)	**Bangladesh** (m)	[bãgla'dɛs]
Belgique (f)	**Bélgica** (f)	['bɛwʒika]
Biélorussie (f)	**Belarus**	[bela'rus]
Bolivie (f)	**Bolívia** (f)	[bo'livja]
Bosnie (f)	**Bósnia e Herzegovina** (f)	['bɔsnia i ɛrtsegɔ'vina]
Brésil (m)	**Brasil** (m)	[bra'ziw]
Bulgarie (f)	**Bulgária** (f)	[buw'garja]
Cambodge (m)	**Camboja** (f)	[kã'bɔja]
Canada (m)	**Canadá** (m)	[kana'da]
Chili (m)	**Chile** (m)	['ʃili]
Chine (f)	**China** (f)	['ʃina]
Chypre (m)	**Chipre** (m)	['ʃipri]
Colombie (f)	**Colômbia** (f)	[ko'lõbja]
Corée (f) du Nord	**Coreia** (f) **do Norte**	[ko'rɛja du 'nɔrtʃi]
Corée (f) du Sud	**Coreia** (f) **do Sul**	[ko'rɛja du suw]
Croatie (f)	**Croácia** (f)	[kro'asja]
Cuba (f)	**Cuba** (f)	['kuba]
Danemark (m)	**Dinamarca** (f)	[dʒina'marka]
Écosse (f)	**Escócia** (f)	[is'kɔsja]
Égypte (f)	**Egito** (m)	[e'ʒitu]
Équateur (m)	**Equador** (m)	[ekwa'dor]
Espagne (f)	**Espanha** (f)	[is'paɲa]
Estonie (f)	**Estônia** (f)	[is'tonja]
Les États Unis	**Estados Unidos da América** (m pl)	[i'stadus u'nidus da a'mɛrika]
Fédération (f) des Émirats Arabes Unis	**Emirados Árabes Unidos**	[emi'radus 'arabis u'nidus]
Finlande (f)	**Finlândia** (f)	[fĩ'lãdʒja]
France (f)	**França** (f)	['frãsa]
Géorgie (f)	**Geórgia** (f)	['ʒɔrʒa]
Ghana (m)	**Gana** (f)	['gana]

Grande-Bretagne (f)   Grã-Bretanha (f)   [grã-bre'taɲa]
Grèce (f)   Grécia (f)   ['grɛsja]

100. Les pays du monde. Partie 2

Haïti (m)	Haiti (m)	[aj'tʃi]
Hongrie (f)	Hungria (f)	[ũ'gria]
Inde (f)	Índia (f)	['ĩdʒa]
Indonésie (f)	Indonésia (f)	[ĩdo'nɛzja]
Iran (m)	Irã (m)	[i'rã]
Iraq (m)	Iraque (m)	[i'raki]
Irlande (f)	Irlanda (f)	[ir'lãda]
Islande (f)	Islândia (f)	[iz'lãdʒa]
Israël (m)	Israel (m)	[izha'ɛw]
Italie (f)	Itália (f)	[i'talja]
Jamaïque (f)	Jamaica (f)	[ʒa'majka]
Japon (m)	Japão (m)	[ʒa'pãw]
Jordanie (f)	Jordânia (f)	[ʒor'danja]
Kazakhstan (m)	Cazaquistão (m)	[kazakis'tãw]
Kenya (m)	Quênia (f)	['kenja]
Kirghizistan (m)	Quirguistão (m)	[kirgis'tãw]
Koweït (m)	Kuwait (m)	[ku'wejt]
Laos (m)	Laos (m)	['laws]
Lettonie (f)	Letônia (f)	[le'tonja]
Liban (m)	Líbano (m)	['libanu]
Libye (f)	Líbia (f)	['libja]
Liechtenstein (m)	Liechtenstein (m)	[liʃtẽs'tajn]
Lituanie (f)	Lituânia (f)	[li'twanja]
Luxembourg (m)	Luxemburgo (m)	[luʃẽ'burgu]
Macédoine (f)	Macedônia (f)	[mase'donja]
Madagascar (f)	Madagascar (m)	[mada'gaskar]
Malaisie (f)	Malásia (f)	[ma'lazja]
Malte (f)	Malta (f)	['mawta]
Maroc (m)	Marrocos	[ma'hɔkus]
Mexique (m)	México (m)	['mɛʃiku]
Moldavie (f)	Moldávia (f)	[mow'davja]
Monaco (m)	Mônaco (m)	['monaku]
Mongolie (f)	Mongólia (f)	[mõ'golja]
Monténégro (m)	Montenegro (m)	[mõtʃi'negru]
Myanmar (m)	Birmânia (f)	[bir'manja]
Namibie (f)	Namíbia (f)	[na'mibja]
Népal (m)	Nepal (m)	[ne'paw]
Norvège (f)	Noruega (f)	[nor'wɛga]
Nouvelle Zélande (f)	Nova Zelândia (f)	['nɔva zi'lãdʒa]
Ouzbékistan (m)	Uzbequistão (f)	[uzbekis'tãw]

101. Les pays du monde. Partie 3

Pakistan (m)	Paquistão (m)	[pakis'tãw]
Palestine (f)	Palestina (f)	[pales'tʃina]
Panamá (m)	Panamá (m)	[pana'ma]
Paraguay (m)	Paraguai (m)	[para'gwaj]
Pays-Bas (m)	Países Baixos (m pl)	[pa'jisis 'baɪʃus]
Pérou (m)	Peru (m)	[pe'ru]
Pologne (f)	Polônia (f)	[po'lonja]
Polynésie (f) Française	Polinésia (f) Francesa	[poli'nɛzja frã'seza]
Portugal (m)	Portugal (m)	[portu'gaw]
République (f) Dominicaine	República (f) Dominicana	[he'publika domini'kana]
République (f) Sud-africaine	África (f) do Sul	['afrika du suw]
République (f) Tchèque	República (f) Checa	[he'publika 'ʃeka]
Roumanie (f)	Romênia (f)	[ho'menja]
Russie (f)	Rússia (f)	['husja]
Sénégal (m)	Senegal (m)	[sene'gaw]
Serbie (f)	Sérvia (f)	['sɛhvia]
Slovaquie (f)	Eslováquia (f)	islɔ'vakja]
Slovénie (f)	Eslovênia (f)	islɔ'venja]
Suède (f)	Suécia (f)	['swɛsja]
Suisse (f)	Suíça (f)	['swisa]
Surinam (m)	Suriname (m)	[suri'nami]
Syrie (f)	Síria (f)	['sirja]
Tadjikistan (m)	Tajiquistão (m)	[taʒiki'stãw]
Taïwan (m)	Taiwan (m)	[taj'wan]
Tanzanie (f)	Tanzânia (f)	[tã'zanja]
Tasmanie (f)	Tasmânia (f)	[taz'manja]
Thaïlande (f)	Tailândia (f)	[taj'lãdʒja]
Tunisie (f)	Tunísia (f)	[tu'nizja]
Turkménistan (m)	Turquemenistão (m)	[turkemenis'tãw]
Turquie (f)	Turquia (f)	[tur'kia]
Ukraine (f)	Ucrânia (f)	[u'kranja]
Uruguay (m)	Uruguai (m)	[uru'gwaj]
Vatican (m)	Vaticano (m)	[vatʃi'kanu]
Venezuela (f)	Venezuela (f)	[vene'zwɛla]
Vietnam (m)	Vietnã (m)	[vjet'nã]
Zanzibar (m)	Zanzibar (m)	[zãzi'bar]